看完巴菲特也不會致富

小資的樸實無華理財法

崔英勝，才永發 — 著

U0082132

小資＝「有工作經驗的」＋「小有生活品味的」＋「單身的」＋「白領的」＋「OL」

自己的「錢」途由自己決定，
會管錢的人，才是富有的人！

理財大師崔英勝告訴你：

「哪怕你年薪破百萬，不會理財照樣當月光族！」

「年輕時大手大腳、快樂逍遙，年老時便會生活拮据。」

「你不理財，財不理你，想學理財，請從記帳做起。」

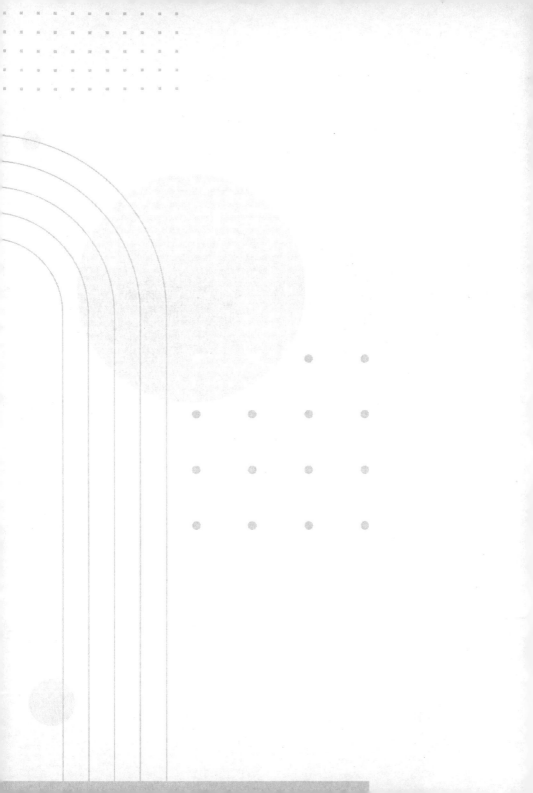

目錄 Contents

第五章 存對錢，更賺錢——讓銀行成為你的理財專家

第六章　當「房奴」還是當「房主」——管好你最大的家當

第七章　小成本換來大安全——學會買保險

第八章 「風險」和「收益」的博弈——債券、基金、外匯、股票

第十一章 「過時」物品更值錢——收藏讓理財更有價值

前言

當下這個物欲橫流的年代，沒有金錢就寸步難行。但是有多少人手中擁有「金錢」這張王牌呢？這張牌不只屬於高薪工作者或者企業主管，只要你會理財，收入再普通也一樣能讓自己的生活多姿多彩。

但是，究竟什麼是理財呢？大部分人對此都是一知半解。有人認為理財就是規劃自己的收支，使自己每月都有一筆可觀的結餘，也就是存錢，但理財的涵義不僅如此。只靠存錢，是很難創造財富的，會理財的最高境界是透過各種投資工具，讓自己的錢「生」錢，也就是說讓五元變成五十元，甚至是五百元。如果你學會了理財，將手中的五十萬元翻了十倍，那麼，你就擁有了一筆創業金。

人的一生，說長不長，說短不短，不要將自己的一生都浪費在追求金錢的道路上。你應該成為金錢的主人，運用它創造出更多的財富，為今後的富足生活做準備。而想要達成這一點，絕對離不開理財。不知道你是否看過美國作家亨吉斯的《管道的故事》，故事中有兩位年輕人，他們的工作是將村子裡所有的水缸裝滿水，其中一個人不停地用桶提水，非常辛苦，但是收入可觀；另一個在嘗到苦果後決定挖通道，這在當時是一項很艱難的決定，雖然中途受盡嘲笑，但最後他成功了，不僅使自己獲得了財富，還造福了全村人民。這個故事啟迪我們，任何工作都有可能失去，一旦失去，身為受僱者的你生活就會十分淒慘，但如果你善於理財，找到錢「生」錢的管道，在別人辛苦工作時，錢也會源源不斷地流進你的口袋。

一本空洞、枯燥的理財教程只會使讀者昏昏欲睡。本書從現實生活的點滴中為讀者引路，小到水、電、菜籃子，大到基金、炒股和買房，為讀者提供了切實可行的理財方案，隨意一翻，就可以在輕鬆的瀏覽中學會一個理財妙招。

希望本書能成為讀者打開財富大門的一把鑰匙，成就真正的財富人生！

第一章　你的「錢」途由誰決定

——你必須了解的理財入門祕密

不停地工作，不停地掙錢，忙碌了一年，然而只見時間流逝，卻不見銀行卡中的數字大量成長。為什麼會這樣？朋友，請問你知道你到底擁有多少財產嗎？為什麼工作一年，你卻沒有存款？或者說只有少量的存款？你的「錢」途由你來決定，了解理財入門知識是基礎。

1. 理財忠告：會管錢的人，才是富有的人

有不少人都抱怨錢不值錢，總認為想成為富人簡直就是天方夜譚。事實上，財富從來沒有遠離我們，也許我們與它只有一步之遙，而這一步很大程度上就在於如何「理財」。

在日常生活中，存在著這樣一類人，他們每天沒日沒夜的在公司埋頭苦幹，還會因為各種原因而使自己身心疲憊。比如，如何處理與上司及同事之間的關係，維持客戶等。雖然非常辛苦，但是從來沒有得到過大筆財富，每個月的收入都不知何時從口袋中「漏」出去了，於是他們就開始抱怨自己的辛苦付出並不能換來理想中的財富。事實上，他們的月收入也是相當高的，只是沒有對其進行合理的規劃才導致這樣的結果出現。對於這些人來說，他們最缺少的就是「理財」。

在當今社會，存在著多種多樣的金融機構，比如銀行、股票交易所、信用合作社等，而且隨著時間的推移，這些金融機構所開展的業務也越來越多，理財觀念逐漸深入人心。有位企業家說過：「如果不利用財富，那麼，這些財富就等於沒有。」理財不只是教會人們如何存錢，更重要的是教會人們怎樣讓錢生錢，怎樣更加合理地花錢。

那麼，理財對於每個家庭的重要性展現在哪裡呢？

(1) 規避風險。

眾所周知，每一項投資都會帶來風險，而我們要學習的就是將這種風險降到最低，以免降低我們的生活水準。當我們在進行理財的時候，應該記住一點：不要把所有的錢都放在單一投資中。

這句話就是要告訴我們投資要注意分散原則，在多處進行投資，當遇到風險的時候，錢款才不會「全軍覆沒」。但是對於一個真正會理財的人來說，僅靠降低風險是遠遠不夠的，還應該透過投資獲得一定的收益，這需要我們對財產進行合理的規劃。通常來說，最普遍的理財方式是：儲蓄占百分之三十三，保險占百分之十，股票、債券等占百分之十，消費占百分之四十五，其餘占百分之二。這樣的理財方式能夠在我們的生活品質不降低的情況下，既規避風險，還能獲得一定的收益，這種理財方式是比較安全的。

(2)　累積財富。

想要讓財富越積越多，可以透過這兩種方式：一是投資，透過各式各樣的投資方式讓自己獲得收益；二是節省開銷，透過對收入進行規劃，達到減少消費的目的。理財中的一個作用就是幫助我們將小財產進行規劃、應用，最後積少成多，變成一筆不小的財富。有不少人在日常消費中不精打細算，覺得小的消費是不值一提的，但是這些看似小的費用加在一起，就是一筆不少的錢，而這些錢很大一部分都是沒有必要去消費的。長此以往，這樣的消費方式就會讓財富漸行漸遠。所以，我們在消費的時候，一定要精打細算，不該花的錢一定節省下來。長期如此，你就會發現，這些每次節省下來的幾塊錢最終也能夠累積成一筆不小的數額。

(3)　未雨綢繆。

人生在世，多多少少會遇到一些坎坷、羈絆，雖然每個人都希望自己的一生能夠永遠順暢，但是命運有時候就喜歡「開玩笑」，也許一夜之間讓一切都付諸東流。所以，我們在生活中一定要對理財予以重視，這樣才能夠應對生活中出現的不順，防患於未然。成功的理財方式不僅能夠讓我們獲得一定的收益，還可以讓我們在面對意外時從容自若。平時多存一些錢，購買保險以及各種投資方式等，都能夠讓我們在遭遇不順時抓到「救命稻草」，並得以渡過難關。

(4) 提前養老。

人的生命是有限的，總有年老的一天。如果我們不想讓子女有很大的壓力，那麼，就要在身強力壯的時候就對自己的晚年生活有一個明確的規劃，讓晚年更加舒適，甚至提前養老。所以應該對自己的財產進行合理的規劃，讓金融卡中的錢一點點增多，幾十年後便會有一筆可觀的存款，這樣就不僅能夠安享晚年，還可以提前退休，享受「夕陽時光」。

(5) 提高生活品質。

在剛參加工作的時候，就對自己的收入進行合理的規劃，那麼，家庭中的每個人的生活品質都會有所提升。隨著不斷地投資、理財，那麼個人資產就會越來越多，而家庭的共同願望也都會逐一實現，比如買房子、買車等。所以，理財是非常重要的。

2. 你的生活壓力為什麼會越來越大

你自己好好想過嗎，你每天的生活幸福嗎？

在這樣一個競爭壓力極大的時代，到底有多少人曾經想過這樣的問題，到底有多少人想過之後只能無奈地嘆一口氣。

當下，工作和學習壓力越來越大，生活節奏也越來越快，人際關係也變得越來越複雜。除此之外，還有太多的娛樂，各式各樣的誘惑，以及讓很多人為之發愁的住房問題、物價問題等。

當面對這些的時候，還敢對自己的生活有過多且過高的要求嗎？越來越多的人只是想找到一份安穩的工作，為了能夠給自己一個基本的生活保障，但是，即便這樣，也並不一定會過得很輕鬆，不能說不快樂，但是是否幸福就很難說了。

隨著社會經濟的快速發展，不能否認，人們的生活水準越來越高，發生了翻天覆地的變化。可是，你有沒有思考過，為什麼你的生活壓力會越來越大呢？為什麼總是會有各式各樣的經濟困難接二連三地來到你的身邊？

再看看自己身邊的人，有很多人從早到晚忙得不可開交，但是他們大多都意志消沉，從他們的身上感覺不到生活的快樂和工作的樂趣。

在很多時候，我們會感受到很大的生活壓力，這是因為我們一直都缺乏合理、正確的規劃。而在現如今的經濟社會中，什麼才是合理的、正確的規劃呢？那就是理財。

當然，這裡的理財，絕對不是我們通常所說的一種狹義的生意經、投資竅門，而是對我們人生財富的管理。因此，換句話說，理財其實就是對人生的規劃，而所謂的投資規劃，也僅僅只是我們人生規劃當中的很小的一部分。但是理財絕對不是一件簡單的事，必須要進行學習。你早一天學習理財，就能夠早一天從巨大的生活壓力當中解脫出來。雖然，我們不能完全把「理財」和「幸福」直接畫上等號，可是，相信沒有人會否認，當你懂得理財，學會理財，擺脫了一些沉重的經濟負擔之後，你就會與輕鬆、愉快、幸福拉近距離。

俗話說得好，「人無遠慮，必有近憂」。為了能讓一生都平安順利，必須具備足夠的危機意識。在現今社會中，各式各樣的生活問題可以說一直都清晰地擺在每一個人的面前，而且這些問題幾乎沒有中斷過。比如以下幾大問題，相信讓不少人為之憂慮。

(1) 你買得起房子嗎？

當下，買房的成本變得越來越高，相信我們加薪的速度已經遠遠落後於房價的加速了。而當你認真計算之後，便會發現，自己有可能需要不吃不喝二三十年才能存夠買一套房子的錢。每當這個時候，你覺得自己的壓力大嗎？即使你選擇了分期付款的方式來購房，可是每個月支付的貸款利息對於大部分上班族來說，也是一項很沉重的經濟負擔。

(2) 你為孩子準備好足夠的學費了嗎？

除了房子，現在教育的成本也變得越來越高。雖然現在大學正在不斷擴招，對於孩子而言考上大學變得很容易，可是如果沒有足夠的錢，讀大學也是非常困難的。再加上大學的學費也在不斷地上漲，你目前的薪水能夠供得起孩子上大學嗎？如果你現在還不能做到未雨綢繆，真正等到孩子上大學的那一天，恐怕就要為孩子昂貴的學費心力交瘁了。

(3) 你想過將來如何養老嗎？

這個問題可能是很多年輕人從來都沒有考慮過的。如果你問他們，他們肯定會說，將來不是有退休金嗎？可是，好好想一想，我們真的能夠把一切都壓在退休金上嗎？

在過去，由於當時的利率、物價等各種因素，退休金確實還可以讓人們基本維持自己的生活水準。可是如今已經不同了，物價正在逐年上漲，而按照當前的狀況進行分析，等到現在的年輕人退休的時候，所領到的退休金也就相當於維持你現在薪水的三分之一多一點。那麼在這種情況下，依靠這樣的退休金養老，自己也不會輕鬆。

(4) 你會不會面臨「破產」的危機？

如果是企業經營不善，沒有辦法償還債務，可能就會申請破產，但是如果個人因為各式各樣的原因，導致家庭或者是個人資產變成負數的時候，我們也可以說這個人「破產」了。

那麼，當你為了自己的財富夢想，再一次準備借錢開展業務的時候，再一次準備進軍投資市場的時候，不知道你有沒有想過，如果你還不懂理財，那麼依舊會出現血本無歸，傾家蕩產的可能，讓自己再一次成為破產一族。

以上僅列舉了四個方面的問題，但是，就是這四個問題，就足以讓我們感受到了自己未來所面臨的壓力。雖然形勢嚴峻，但是也不要慌張，應對這些未來的危機，最好的辦法就是學會理財。如果你想讓自己的人生可以預防各式各樣的危機，從現在開始，你一定要做好人生當中不同階段的理財規劃。

3. 警惕：家庭財務「亞健康」

如今很多人都比較重視身體的「亞健康」，但是卻很少有人注重家庭財務中的「亞健康」。雖然從表面來看，「亞健康」的財務現象並不會對你的生活有什麼威脅，但是這些潛在的威脅就像一顆「隱形炸彈」，當家庭財務內外部條件出現變化後，這顆「隱形炸彈」也許就會使你的財務狀況嚴重受創。

財務狀況「亞健康」的一個例子就是負債消費，有很多家庭都有負債的狀況，每個月都要償還多種貸款，比如住房貸款、汽車貸款等，這些貸款已經占據了每個月總收入很大的比例。雖然他們的薪水比較高，有實力償還各式各樣的貸款，也能夠支付起正常生活中的開銷，但由於每個月都要償還債務，因此家庭財務沒有放鬆的余地。只要發生一些意外，這種「亞健康」狀態就會被打破，對債務支出造成一定的影響，甚至還會使家庭財務出現嚴重的問題。

那麼，當你的家庭財務出現哪些問題時，就算得上是進入了「亞健康」狀態呢？來看看下面的情況。

(1) 認為評判自己當前的財務情況很煩瑣，或是之前並沒想過這個問題，很少做評判。

(2) 在自己當前的財產中，房產占有率最高，在百分之八十以上。

(3) 每個月要償還家庭月收入一半以上的住房貸款。

(4) 在還清住房貸款之前的三年時間內，有多於五次延遲償還住房貸款。

(5) 青睞於分期付款的購物方式，每個月用月收入的五分之一來償還欠款。
(6) 將家庭中所有的信用卡的額度算在一起，是總月收入的五倍以上。
(7) 在信用卡透支後，每年超過五次不能將透支款項在免息期間還清。
(8) 對自己當前的職業發展從來沒有過憂慮。
(9) 把自己大部分的收入用於購買基金和股票。

對照以上情況，是不是感覺有些現象與自己的財務情況相吻合，如果真的有，那麼你的家庭財務已經進入了「亞健康」之中。若是相同的情況沒有超過四項，那你的家庭財務處於輕度亞健康狀態；相同情況在四項以上八項以下，是中度亞健康狀態；八項或者以上，是重度亞健康狀態。

可能有些人覺得這沒有什麼，他看不到亞健康為家庭財務帶來的隱患。是的，處於這種狀態的財務狀況在當時不會對你造成很嚴重的問題，但是問題累積到一定的程度後，就會為生活帶來很大的影響。

在別人看來，可能你是一個非常懂得投資的人，將大部分財產都投在了房產上。然而卻不知道家庭中可以使用的流動資金過少，一旦遭遇意外，比如重大疾病，就無法馬上得到大量的資金來使用。因為對於不動產來說，並不能馬上讓人得到可以使用的資金。同樣，資產的使用不當，也不利於你的財富保值或者增值。

現今社會，房奴、車奴不計其數，大多數人都生活在還款的重壓之下。長期的高額債務在身，即使收入過萬，也是銀行的「奴隸」。儘管收入不低，但生活還是很拮据，最期盼的就是薪資成長。

但是如果你突然被炒魷魚了，那麼，這些大量的債務應該怎樣償還呢？

很多人都喜歡享受當下的生活，從來不去想今後如何頤養天年，這種做法是不對的。金錢越早存積，就越早能夠養老。但是，對今後生活太過於擔憂，而導致不能正常享受快樂的生活，這種理財方式也是應該摒棄的。生活不是過去時，也不是將來時，而是進行時，能夠在當下和將來的生活中拿捏好一個分寸，這才是真正的理財。

4. 留夠你手頭的錢——儲蓄

儲蓄，很多人都不陌生。通常我們在賺到錢後，都會將其中的一部分存入銀行。因為儲蓄不僅不會因為特殊狀況而丟失，還有一定的利息收益，雖然收益很少，但是安全性非常高。因為它的低收益，讓很多人都覺得儲蓄有些浪費。那麼，怎樣正確地看待儲蓄呢？而人們又應該如何對財產進行分配呢？

通常來說，一個家庭的儲蓄額應該占該家庭總收入的四分之一到十分之三，這樣進行儲蓄可以更好地避開金融風險，為家庭提供應急的資金。此外，我們還應該清楚地了解，這些儲蓄是用於不時之需的，所以不可輕易取出使用，只有只存不取，才能夠使儲蓄額度越來越大，存下一定的財富。下面列出幾點儲蓄對於一個家庭的重要性。

(1)　很高的安全性。

儲蓄存款在所有的理財方式中是最安全的，幾乎不存在風險。這樣不用「操心」的理財方式對於思想比較傳統的人來說，絕對是相當具有吸引力的。所以，儲蓄幾乎是每個家庭處理多餘財產的相同方式。

(2)　儲蓄存款的方式多樣化。

通常來說，一般的家庭儲蓄方式有很多，比如活期、定期、存本取息、整存整付、零存整付等，根據自己的情況和需求，儲戶可以選擇適合自己的儲蓄方式。此外，儲蓄存款在操作方面也是非常便捷的，若是儲戶由於距離原因而不方便去銀行，還可以透過網路來操作，讓儲戶不用去銀行也能夠挑選儲蓄方式或者查詢儲蓄資訊。

(3)　儲蓄存款能夠繼承。

「天有不測風雲，人有旦夕禍福」，人們不能預測到下一秒會發生什麼，每個人都可能發生意外。所以，一旦儲戶突然離世，銀行就會對存款進行合法的處理。

(4)　儲蓄存款易於操作。

和其他理財方式相比，儲蓄存款不需要儲戶懂得過多相關的理財知識，也不需要弄清太多難以理解的術語。操作起來也比較簡單，只要按照銀行工作人員的提示，辦理存款手續就可以了。如今，網路已經被廣泛地應用，網路銀行的使用也越來越多。目前，透過網路銀行，人們已經能夠完成轉帳、支付、交易等活動，不出家門就能夠體驗到資訊時代帶給我們的便利。此外，隨著信用卡的出現，異地存款業務的開展，很多儲戶都感受到了一定的便捷，讓儲蓄在人們的生活中扮演著重要的角色。

儲蓄雖然方便、安全，但是收益小，它只是理財方式的一種。我們可以將自己暫時不用的錢存起來，但手中也要留一些可以靈活運轉的資金，可以做一些其他的投資。

5. 弄清楚你得為哪些東西掏腰包——支出

對於剛步入社會的人來說，對花錢沒有概念，凡是自己喜歡的東西都要買，這樣就產生了很多月光族。經常做月光族，到最後就會成為啃老族，沒有能力靠自己的雙手養活自己、孝敬老人、養育子女。在生活中，吃喝需要錢，孩子上學需要錢，生病住院需要錢……很多時候，我們都離不開錢。而很多人雖然知道這些，但是對家庭支出仍然不是很清楚，以至於過度浪費，生活奢侈，最後導致財務透支。

那麼，在生活中，我們在哪些方面需要支出呢？

(1) 食衣住行。

一個人想要生存，就離不開食衣住行，然而食衣住行每一樣都需要支出。所以在進行理財時應該提前對這些支出預估算一下，每個月預留出足夠的費用。這些費用有伙食費、交通費、房屋租金或貸款、水電費等。雖然這些開銷非常細小、繁雜，但是它是家庭支出中的最根本的一部分，無論在什麼情況下，都不能將其省去。而其他的家庭理財都應該建立在滿足這一部分支出的基礎之上。

(2)　教育支出。

如果條件允許，教育支出是十分必要的，這份支出不只是子女的教育費用，還有自己學習、考試、愛好等方面的費用，這部分花費也應該成為每個家庭中理財規劃的一部分。就算目前你已經掌握了熟練的技術或者先進的科技，但是你若故步自封，不進行學習和豐富自己的知識，開闊自己的眼界，那麼隨著社會的發展，你的知識和技術就會落後。如果家中有子女，那麼最主要的教育花費就全部放在子女身上，把他們送進所謂的「貴族學校」裡學習專長，亂補習……認為投資的多寡與子女的未來好壞成正比。其實並非如此，教育支出要有限度，還要依照子女自身的特點來進行，盲目對子女的教育進行投資，只會讓子女生活在重壓下，反而起不到很好的作用。

(3)　醫療健康支出。

醫療健康支出是針對所有人來說的，無論是老年人、中年人，還是青年、兒童，身體都有可能會出現健康問題。目前，隨著物價的飛漲，工作節奏的加快，人們的生活壓力變得十分龐大，這在一定程度上誘發了很多健康問題，比如憂鬱症、高血壓、癌症……它們的出現將很多人的生活塗上了灰暗的色彩，而且很多慢性疾病已經不再是老年人的「專利」。所以，在對家庭理財進行規劃時，必須要對醫療費用做出預算，其中包括體檢、藥品、健身、疾病醫治等，這樣才能夠保證自己在突發疾病的時候有錢可醫，也才能夠讓自己的身體維持健康，從而獲得更多的財富。

(4) 社會交際支出。

在社會中，每個人都不是孤立存在的，我們需要與他人交流、交往等。所以，在對家庭理財進行規劃時必須要考慮到社交花費。比如生日聚會、請客吃飯、結婚生子等，雖然這些社交活動的花費都不會很高，但是一旦活動多了，累積起來就是一筆很大的費用。所以，我們應該提前預留出一個月的社交支出，以免錢不夠用時慌張失措，東借西湊。

(5) 旅遊娛樂支出。

平淡的生活中需要用旅遊和娛樂來點綴，這樣我們的生活才能有滋有味，樂趣無窮。雖然不是每個月都要旅遊，但每年至少應出遊兩三次，來緩解我們的工作壓力，放鬆心情，豐富生活。而娛樂也可以達到放鬆身心的目的。但是，這兩項活動都是需要錢的，如果想要遊玩時卻發現手頭比較緊，那就太讓人苦悶了。所以，這部分費用是必須要預留出來的。最好在半年前開始準備這部分錢，這樣就能夠讓我們快樂地完成旅行計畫了。

6. 先規劃，再消費——理性消費

很多人認為消費是一件非常簡單的事情，錢不好賺，但是誰不會花錢呢？請問你每個月能夠剩下多少錢呢？消費，看似簡單，其實也是需要學習的。

無論是在購物中心還是超市，種類繁多的商品都讓我們眼花撩亂，這在一定程度上也刺激了消費者的購物欲望，但是由於收入有限，而且短時間內是不會變的，所以不經仔細思考和規劃的消費是非常不理智的，很容易使我們成為「月光族」，甚至還會欠債。

在消費的時候，應該理性一些，不要讓一些「華而不實」的商品所吸引。在生活中，任何活動都需要錢，比如吃飯、搭車、穿衣、結婚、買房等。所以在消費的時候，應該管好自己的錢包，把錢花在應該花的地方。那麼，應該怎樣進行合理的消費呢？

(1)　消費前制定計畫。

「凡事豫則立，不豫則廢」，這句話的意思就是說在做事情之前要先規劃好，這樣事到臨頭才能夠淡定自若。任何事情都是這樣的，消費也是一樣的道理。在消費前，應該提前進行規劃，把眼光放得長遠一些，這樣才能夠抑制住一些不合理的消費。

(2)　節約消費。

節儉一直是華人的優良傳統，能夠讓我們在消費中省下錢財，最容易節省的就是省水、省電。在很多生活細節中，我們很容易造成浪費，所以，在使用水、電的時候，應該多加注意，比如水要循環利用，少看電視，少玩電腦等。這樣，節省下來的小錢就會積少成多。

(3)　統籌規劃。

人們努力工作，為的就是能夠賺到更多的錢，但是經常是錢沒賺到，身體卻垮了。所以，我們應該及早投資自己的健康。

A. 首先，保證身體健康。改正自己不良的生活習慣和飲食習慣，不熬夜、不賴床、吃早飯、多吃雜糧和蔬果，從點滴做起，才能夠讓我們的身體健康起來。

B. 在保險方面，購買一份健康保險是非常有必要的。很多人認為買保險是在浪費錢，沒有任何作用，但是當意外或者重大疾病真的發生在我們身上的時候，保險的作用就能真正的發揮出來，從而避免了家庭財政出現危機。其實，每年向保險公司繳納一定的費用，就是讓保險公司為我們可能發生的風險來買單。

C. 定期體檢。有很多疾病在平時都不容易被察覺，對身體所帶來的傷害是慢性的，但是經過長時間的累積，對身體的傷害將是無法彌補的。所以，為了避免這種情況的發生，我們應該定期去醫院進行體檢。

(4) 多學多看，多說多算。

想要理性消費，那麼在消費前就應該不怕麻煩，多學、多看、多說、多算，這樣才能保證消費的合理性。多學，指的就是認識多種工具，豐富自己的理財知識，提升自己的理財能力；多看，指的是在消費前要對不同店鋪同樣的商品進行對比，來最終確定購買哪家的商品；多說，指的就是與商家討價還價。多算，指的就是當購買商品的時候，看見商家的打折促銷活動時，要算一算購買這樣的商品划不划算。

(5) 物盡其用，錢盡其能。

有不少人會因為在購買商品時對商品沒有進行充分的了解，而在店員的介紹下不知買什麼好。對於賣家來說，將商品銷售出去是他們的目標，不會考慮這件商品對於消費者來說是否有用途。

如果總是聽信商家的推銷，就很容易買很多自己根本就沒有太大用途的商品，也就等於在浪費錢。

所以，在購買商品前就應該弄清楚該商品的實際用途，看看自己是否需要。

第二章　時刻掌握財產動態

——家庭記帳

小小帳本，功勞不小，累積財富必不可少。為家庭準備一個帳本，每天記筆帳，財務動態就掌控在你的手中，而通往財富的道路就會一片光明。

1. 家有一本帳，管家不難當

在生活中，很多人都覺得記帳是一件非常麻煩而又浪費時間的事情，甚至認為沒有必要在家中準備一個記帳本，特別是「月光族」，他們認為即使記帳了，錢還是要花，記不記帳又有什麼關係呢？其實不然。

在每天晚上記帳，能夠回憶今天都買了哪些物品，花了哪些不該花的錢，從而使自己避免下次的浪費。而且還能夠輕鬆地知道自己究竟還有多少餘額，為以後需要花錢的地方做好規劃，避免在需要錢時出現手足無措的狀況。所以，對於每個家庭而言，家中有一個記帳本是非常必要的。如果你還沒有記帳本，就快行動起來吧。

那麼，對於家庭記帳來說，都有哪些方式呢？

(1) 兩抽屜法。

將自己的記帳本和財產歸為兩類，一類是支出抽屜，另一類是儲蓄抽屜。在實際操作中，剛開始時也許會因為規劃不周而經常將手伸向儲蓄抽屜，但是隨著時間的延長，經常使用這樣的理財方式，就會將手慢慢從儲蓄抽屜中收回，直到有一天完全擺脫動用儲蓄抽屜的習慣。

(2) 多信封法。

這個記帳方式更細緻一點，可以將幾張設計好的表格拆分成很多，放進信封中，信封的種類有儲蓄、衣、食、住、行、醫療、娛樂等。事實上，這種方法就是將兩抽屜法細緻化，分成更多的部分。某項花費提前完結，就要從其他花費中拿出一部分，直到儲蓄信封中的錢完全保留為止。這樣就有效地控制開銷，不隨意支出計畫外的費用。

(3)　多帳戶法。

這種方法是更專業一些的，到銀行多開設幾個帳戶，將它們分為定期存款、房貸扣款、活期存款等，這樣更容易管理帳務，減少消費。

(4)　定期提款法。

若是真的非常懶於記帳，但是還不想讓自己平白無故花費很多錢，那麼，可以將自己的錢全部存在銀行卡中，然後按照每週花費的數目將錢提取出來，每次提取的金額應該在月收入的百分之二十左右，其餘的錢就全部儲存起來。最後透過每次控制或減少提款金額和次數來達到節省的目的。

(5)　利用網路帳本。

隨著網路的普及，每個家庭擁有一個網路記帳本並不是件很難的事情。而且在網路上，記帳本的種類非常多，可以選擇一種適合自己的軟體。這種記帳軟體不僅能夠完成線上記帳，還提供論壇，人們可以對記帳問題進行交流，分享記帳心得。

在記帳的時候，能夠將每月的收入進行細緻的規劃才是最成功的記帳方式。但是，無論你使用怎樣的記帳方式，如果不能持之以恆，就是失敗的記帳方式。記帳，最重要的就是堅持。

談到財務狀況，每個人都覺得這是一個非常籠統的詞。但是擁有一個帳本，這些財務狀況就會清楚地呈現出來，透過記帳，可以清楚地知道自己擁有多少資金，從而更好地規劃將來。所以，將理財具體化，就從擁有一個記帳本開始做起吧！

2. 每月花上一小時，找出帳本上的問題

透過對每個月的消費記錄，能夠發現在日常消費中出現了哪些問題，比如錢花在了哪裡？真的有必要買這件商品嗎？花費是否已經超過了月收入？主要消費的地方是否合理？

通常情況下，家庭中的消費主要包括四個部分：第一是固定消費，比如房租、保險費、還貸等；第二是日常消費，比如伙食費、教育費、購物等；第三是意外消費，比如生病、發生意外等；第四是大額消費，比如購房、買車等。在月初將自己的消費計畫列出來，等到月底的時候，看看實際消費的數額與消費計畫上的是否一致。透過對比，適當調整自己的消費。

在月底的時候想要馬上從帳本中發現問題，需要對照在月初時所制定的消費計畫。這樣才能及時、準確地發現問題。

(1) 固定消費是不是與家庭需求相符。

固定消費，就是那些被固定好的消費，但不是指一成不變的消費。在日常生活中，有很多消費都是不變的，事實上這只是你機械地從卡中刷出一部分錢，和實際狀況相比一下，你就會發現，可能還有一些剩餘，那麼，這項固定消費就應該在下個月規劃的時候減少一些。

A. 查看租金和抵押金

房子是我們居住的地方，也就是家，但是你確定你有能力租得起這套房子嗎？若是你目前的房租快占到你月收入的三成了，你就應該改變一下你的租住所了，尋找價格更便宜的房子，或者想辦法讓你的收入更高一點。

B. 保險

你每個月在保險上需要花費多少錢？若是你沒有買保險，你應該立刻考慮購買一種保險，就算你的收入非常有限，也不能放棄購買保險的想法。但是如果用在保險上的費用太高了，你可以看看哪些保險項目是沒有必要購買的。

(2) 查看日常是否超出消費計畫。

在月底查看消費清單的時候，如果發現很多費用都超標了，比如水費、電話費，就需要檢查一下每個房間的水龍頭或者水管是否出現了漏水的狀況。在通話紀錄中查看哪些電話是沒有必要打的，哪些電話在撥打的時候可以減少通話時間。

A. 食品

在每天吃飯的時候，考慮一下這些食品是不是真的很適合你吃，如果你不想在飲食上降低自己的標準，那麼，就要想一想餐館中的食物就一定是安全的嗎？自己在家中做的飯不是更健康嗎？此外，再看看自己真的有必要每天都喝飲料嗎？喝白開水不是更健康嗎？

B. 交通

有些人在不知不覺中，在交通上的花費就已經占到了固定消費的五分之一，為什麼會花費這麼多呢？來看看你每個月用在交通上的開銷吧！你在早上上班的時候是不是總叫車或者開車上班？事實上，每天搭公車或捷運也是很不錯的，若是上班的地點不是很遠，可以選擇走路上班，這樣既避免了擁擠的公交和地鐵，還提高了身體的水準。

C. 服裝和化妝品

對於一些女性來說，每個月在服裝和化妝品上的消費是非常高的，在核對購買發票的時候應該看看有哪些服裝是沒有必要購買的，還有哪些化妝品是自己在購買後一次也沒有用過的。若是有，在下個月的消費計畫中就應該將服裝和化妝品費用降低。

3. 生活井然有序，兩個「帳本」不可省

想讓你的家庭理財計畫井然有序嗎？那麼，你需要兩個帳本。有了帳本，才能明確知道自己的淨資產有多少，從而採用適當的方法來管理規劃它們。

很多人對理財不是很「上心」，很少有人會將自己所擁有的財產算一算。事實上，只有清楚自己擁有多少，才能確定自己消費多少，以及怎樣進行理財。在生活中，我們可以對自己的財產用以下的方法來計算。

(1) 貴重財產。

通常情況下，普通家庭中兩千五百元以上的物品都應該羅列出來。

(2) 有價證券。

有價證券包括股票、債券、基金等，根據每天的市價就可以將它們的具體價值計算出來。

(3) 古玩字畫。

家中如收藏古玩、字畫等物品，可以請這方面的專家對這些收藏品進行估價。

(4) 生意投資。

產業、存貨等屬於資產，而借貸則是負債。

不要覺得這樣算帳比較麻煩，事實上，它對家庭財務的作用是非常大的，通常情況下，最好每隔半年或一年就進行一次。透過這樣的計算，你就可以知道，當亟需用錢時你最多能籌集到多少資金，而更重要的是你的投資理念可以得到增強，及時對家庭的投資做出調整。

而想要讓這些都具體展現在紙面上，那麼你必須準備帳本，一本帳本是不夠的，兩本才更好，不是講究，而是出於必要。那麼，需要哪兩種帳本呢？

(1) 理財記帳本。

這個帳本主要記錄的就是家庭每個月的收入、支出和結餘，在記錄支出的時候，應該將每一筆支出都記錄在內，不論多與少。每天進行計算，月底時進行結算，年底時總結。

這個帳本能夠清楚地將每個時期每個人的收入支配反映在書面上或者電腦上，利於家庭成員對支出進行分析，促使家庭成員對自己的開銷進行合理的規劃。此外，這個帳本還可以作為制定下一年家庭收支計畫的參考資料，使理財走向成熟。

(2) 金融資產檔案本。

這個帳本的存在是為了將相關資料記錄進去，當自己的銀行卡、存摺等丟失或者被偷，可以向銀行或金融資產所屬機構提供家庭金融資產檔案，為自己提供證據，避免出現過大的經濟損失。

第二章　時刻掌握財產動態——家庭記帳

第三章　一看二問三還價

——購物消費

年輕時大手大腳、快樂逍遙，年老時便會生活拮据。購物消費，不是越昂貴越好，要懂得貨比三家，討價還價。

1. 東西不一定越貴越好

隨著社會的進步，人們的消費水準也在提升，但是在很多人看來，價格越是昂貴的東西就越好。而事實並非如此，水在我們的生活中是比較常見的，而且只要花少量的錢就可以購買到，相對於水，咖啡就要貴一些，但是對於我們來說，是不能沒有水的，咖啡卻不是每天必須喝，而且喝多了也不利於健康。

所以，在消費的時候，應該以「只買對的，不買貴的」為準則，那麼，在實際購物時，應該注意哪些問題呢？

(1) 不要什麼東西都在專賣店裡買。

專賣店和大型購物中心，雖然級別較高，但是有些物品是完全一樣的，甚至它們來自同一處批發地點，因場地租金的不同而物品的價格也會有所不同。所以，我們在購物的時候，不要什麼東西都在專賣店中買。如果是購買普通的日常用品，比如睡衣、運動鞋、帽子等，這些物品都可以在大賣場中買到，而且買到的不一定要比專賣店中的產品差。但是如果想要購買工作時穿的高級服裝或者是電器等品質要求較高的商品，就要到專賣店去購買了。因為專賣店通常都有很高的信譽和很好的品質，當商品出現問題時都能夠得到很好的處理。

(2) 選購電器不可盲目選擇最新款。

在購買電器的時候，很多售貨員都會推薦一些配備較好的、款式最新的商品給你。因為科技總是不斷在進步，科研人員也會不斷研製出功能更加齊全的新產品，但是這些商品在剛剛進入市場的時候，往往價格會非常高。在這種情況下，消費者應該考慮一下自身的實際情況，想一想自己有沒有必要購買這種新型家電，千萬不要盲目購買新款。特別是在購買電腦的時候，如果你只是想用電腦玩遊戲，那麼就沒有必要購買那些配備最新的電腦了。因為就算你現在購買了最新款的電腦，第二天也許又會有更新款的電腦出現。所以，在選購電子產品或者家電的時候，一定要考慮自己的實際需求，選擇最合適的，而不是價格最昂貴的。

(3)　不盲目追求高級化妝品。

每個人都是愛美的，尤其是女性，而女性最希望得到的就是美麗容貌。她們可能已經很漂亮了，但是她們還想讓自己更加漂亮，所以就會選擇用高級化妝品裝飾自己的美麗，讓自己更閃亮動人。然而，很多女性都認為化妝品的價格越高，對皮膚所起到的作用就越好。但是女性朋友應該清楚地知道，不管是什麼價位的化妝品，都不可能讓我們的皮膚完美無瑕，而且價格較高的化妝品中很可能添加了很多重金屬，從而使人的皮膚越來越差。所以，在選擇化妝品的時候，應該針對自己皮膚的狀況，選擇適合自己的品牌，不能只看商品的價格。比如，護手霜的價格參差不齊，有的幾千塊，有的卻只要幾百塊，但是護手霜的作用只是滋潤雙手，我們完全可以選擇幾百塊錢的商品，也許其中的化學物質還要少一點。

(4)　購置房產不可一味追求面積。

擁有一套房產對於一直在職場打拚的人來說是夢寐以求的。但是在購買房子的時候，很多人都認為房子面積大的才是最好的。事實上並不是這樣，我們在購買房子的時候，應該考慮一下自身的資產狀況，看看自己是否能在每個月都負擔得起額度過高的還款，若是無法承擔還要堅持購買，不僅會降低生活品質，還會為自身帶來壓力。所以不要讓虛榮心沖昏了頭腦，選擇切合自己實際需求的，不要盲目追求過大的面積。

透過以上內容，你是不是覺得自己一直在浪費錢？如果是，那就馬上改掉這個不良習慣吧！價格低廉的商品也有很多是品質較好的，而且價格昂貴的商品並不一定就適合你。只要在消費時，記住只買適合自己的，那麼，就一定會讓財富越積越多。

2. 需要的才買——功能第一

在生活中，經常會遇到購物中心或者超市中有送折價券的商品，就會高興地去購買，甚至還以為自己占了很大的便宜。其實，這些折扣商品根本不是我們想要購買的，購買了折扣商品獲得了折價券，於是，就會在購物中心中尋找與折價券同等價格的商品，將折價券用掉。但是到最後，選擇了一個高於折價券的商品，除了要用掉折價券外，還要額外加上現金。

這樣一來就掉入了商家的陷阱，我們不僅沒有買到自己想要的商品，還耗費了大量的時間買了自己不太需要的商品。

在購物中心裡，許多促銷方式都是以滿金額送折價券為主，那麼，為什麼商家不選擇打折的方式呢？這一點很好理解，對於直接打折的商品，商家所能獲得的利益就會少很多。但是品質較好的商品即使沒有折扣，也非常暢銷，那些使用起來不方便或者過季的商品就算折扣再低，也很少有人來購買。所以，打折的商品沒有購物送折價券這種方式銷售得快。因此，商家更願意用購物送折價券這種促銷方式。

有些商家每年都會進行這種送折價券的活動，比如滿兩千送兩百元折價券，消費者為了拿到這個折價券，還要去選擇一款接近兩千元的商品，但是往往都會額外支付一些現金。雖然這樣，很多消費者還是認為自己占了很大的便宜，但是你要記住，再笨的賣家也比買家聰明。

面對購物中心的優惠活動，消費者必須有一個精明的頭腦和不被迷惑的心。消費者需要弄明白活動準則，看清商品價格，還要能精打細算。但是不管怎樣，消費者仍然處於弱勢。所以，消費者想要在購物中心優惠活動中真正得到優惠，應該做到以下三點。

(1) 明確消費目標。

消費者在購物的時候應該按照自己的需求購物，對於不需要的商品不要購買。購物前，可以在紙上詳細地寫出想要購買的商品，以及所購買商品的大致價格，以免看到「有折扣的商品」時心動。

(2) 購物時的「一分鐘原則」。

當你在下決心要購買這個商品的時候，給自己一分鐘的時間，仔細地想一想，你真的需要這個商品嗎？這樣就能夠讓你省下不少不必要花的錢。

(3) 控制自己的消費欲望。

有很多成為「卡奴」的人，並不是因為自己的月收入很低，而是因為自己什麼都想買，而且他們不知道哪些東西才是必須要買的，哪些東西只是自己想要買而沒有實際用處的。在購物前要保持清醒的頭腦，或者替自己制定一個存錢計畫，這樣你就能夠控制住自己的消費欲望了。

商品的折扣、送折價券等活動，對於我們來說是非常具有誘惑力的。但是只要能夠管住自己的荷包，就可以不為所動。如果你正在家中，可以環顧一下四周，看看家中擺放的物品你有多久沒有碰過，有多少從來都沒有用過。

對於消費者來說，商品的優惠活動是商家促銷的手段，而消費者是很難從中獲益的。所以，我們在購物時應該清楚自己想要什麼，對於自己不需要的商品，就算再「便宜」，都應該不為所動，而你節省下來的每一筆小錢，累積到一起就會成了一筆不小的儲蓄。

3. 怎樣掌握最佳購買時機

到底什麼是購買的最佳時機?對於這一問題，相信困擾過每一個消費者。作為消費者，我們都希望自己能夠買到「物美價廉」的商品。

但是，現在又出現了「一分價錢一分貨」的說法，好像價格不高就會有低品質的危險。即使我們在平時準備得很好，可是一走進購物中心，面對銷售員的強大攻勢，結果自己又是防不勝防，一下亂了陣腳，不知道應該如何應對。說得不客氣一點，買賣雙方其實就好像是身處在戰場，如果不懂得策略戰術，作為消費者，往往是很難買到「物美價廉」的商品的。

以購買手機為例，王平非常喜歡手機，特別是最新款、最熱門的手機。所以，在最近幾天，他咬咬牙，狠下心花了四萬元購買了一部「最新款」的手機，王平倒是心滿意足了。可是，他完全沒有想到，如今手機改朝換代的速度是如此之快，已經超乎了他的想像。還沒超過一年時間，市面上的這款手機的價格已經降到了不到兩萬五千元，而這對於王平而言，他的錢包可以說是受到了重創。

那麼，王平到底失誤在了什麼地方呢？其實關鍵問題就在於，他沒有尋找到最佳的購買時機，換句話說，沒有把錢花在刀口上。

當然，除了手機之後，還有電腦，剛剛出產的電腦外表確實是非常光鮮，氣派十足。殊不知，對於剛剛上市的電腦而言，賣的就是「新潮」，在很多時候，電腦的配備雖然都是最好的，但是從電腦的整體性能而言，卻未必是最佳的。真正性能穩定、價格實惠的機型，可能會在上市一年半載之後，廠商往往會根據市場的回饋資訊，對機器進行不斷的調試和改進而再次上市。

那麼，怎樣判斷最佳的購買時機呢？

尋找到最佳的購買時機並不複雜，當你花的錢最少，而所購買到的東西又不落伍的時候，這就是最佳的購買階段。可是，想要掌握這一階段，絕對不能靠感覺，還應該從商品本身的發展特點去思考。

不同品種的商品具有不同的特點，所以，很難找到一個統一的辦法。但是，如果你計劃花費一筆錢買回一件商品，那麼，請你先花費一些時間對這種產品進行深入了解，這對於掌握最佳的購買時機來說，是非常必要的。

而且，從市場銷售的角度來看，尤其是那些耐用的消費品，在市面上總是要經歷「開發、研製、小批量生產、大量投產、萎縮」等階段，這其實就好像一個人的生命一樣，生老病死這是客觀規律。而這一特點對於所有的商品都是一樣的。在不同的階段，商品往往就會表現出不同的價格特點。

開發與研製階段的產品非常新潮，但是性能肯定是不穩定的。這對於懂得理財的人來說，在這樣的階段，此商品是不適宜購買的。而當產品進入到批量生產階段的時候，產品的性能、品質此時也趨於穩定，生產批量就會逐漸擴大，價格自然會有所下降。可是，這個時候也不要急於下手，要忍得住，因為在這個時候，商品的價格還沒有降到最低。

緊接著，產品就會進入到「維持量階段」，而這一階段的特點是市場基本已經接近飽和，早就形成了買方市場，價格就會大幅下降。所以，應該選擇這個時候購買。

因為在這一階段不僅價格划算，而且產品品質還將得到進一步的完善，廠商競爭也會趨於白熱化，所以，對於消費者而言，真的是「鷸蚌相爭，漁人得利」的時候。

4. 要團在一起購物——團購

隨著網路的日益發達，在網購中又出現了一種新奇的購物方式——團購。如今在實體店中經常會因為競爭問題而出現打折促銷的活動，然而在網路上也有這樣的活動，而最有效的促銷方式之一就是團購。

團購，顧名思義，就是團體購物。一般指的就是很多消費者以非常低廉的價格在同一處購買商品。總而言之，這種購物方式對於商家是非常有利的，打著「團購」的旗號，可以引來一大批顧客，使自己的網店突出於眾多商鋪之中；對於消費者來說，這樣的購物方式可以省錢，而且操作非常便利，不用再四處尋找該商品，可以說團購對賣家和買家都是有利的。

事實上，商家舉辦團購活動，並沒有使自己的利潤降低，雖然每件商品所獲得的利潤沒有之前多，但是售出的數量多了，薄利多銷，利潤就豐厚起來了。小至服裝、食品，大至房屋、汽車，都可以採用團購的形式去購買。

具體來說，團購的優勢展現在以下四個方面。

(1)　買房團購很實惠。

在進行房產團購的時候，應該按照自己的實際經濟狀況，選擇一種適合自己的團購方式。在進行房產團購的時候，有很多種方式，比如公司或者朋友發起的團購等。

應該清楚地了解團購房產和零售價格相差多少。但是，在團購房產的時候應該注意一點，不應該只看重價格，受到房產團購「托兒」的哄騙，從而使自己上當受騙。

(2) 團購汽車，物美價廉。

團購汽車也是比較常見的，但是在使用這種方式進行團購的時候應該注意幾個問題。

A. 理性挑選汽車團購的方式。汽車團購在團購活動中較受歡迎，在市場上，專業汽車團購公司大量出現，多家銀行也舉辦了很多優惠活動，比如車價優惠、保險優惠等。在想要團購汽車前，應該對團購汽車的行情有充分的掌握，這樣利於找到適合自己的團購方式。

B. 了解怎樣找到汽車團購仲介。透過團購買到的汽車，還需要自己開回來，如果汽車團購活動的地點比較遠，非常麻煩不說，還會耗費很多油錢，因此，應該選擇在當地或者距離不遠的地方參加這種活動。

(3) 團購旅遊項目。

很多人都喜歡外出旅遊，但自己到旅行社跟團是不會有很大優惠的。如果報名的人比較多，那麼情況就不一樣了。在準備旅遊前，聯絡一下自己身邊的好友，然後一同去報名，這樣通常能夠得到很大的優惠。此外，在外地旅遊的時候，導遊通常會「強制」遊客購買一些他們能抽成的商品，還可能會降低遊客的住宿和餐飲品質，由於團購的遊客中很大一部分都是自己的親朋好友，即使出現了這些問題，也能齊心協力一起維護權益。

(4) 團購衣服。

對於大部分人而言，出門買衣服非常浪費時間，而且專賣店中的衣服價格很昂貴，於是他們很喜歡網購衣服。然而，若是購買一件很便宜的衣服要付運費，比如，衣服的價格為一百五十元，運費六十元，這樣就讓我們猶豫不決了。而若是選擇團購衣服，運費就可以省掉了，衣服的價格還會降下來一點，真可謂物美價廉了。

5. 小心消費誤區

如今，隨著社會的飛速進步，生活條件的逐漸改善，人們的消費觀也正在發生著很大的改變。人們在消費上已經不能滿足於溫飽了，而是追求享受。從某些方面來說，這樣的現象是值得高興的，因為這說明了人們的生活品質正在提升，但是這樣的消費也很容易讓人陷入誤區。

這種誤區會讓理財出現問題，不僅是購買了一些性能不是很好的「垃圾」，還使得家庭中可以儲蓄的資金減少，削弱家庭和個人承擔風險的能力，而且還容易影響家庭的氣氛。所以，我們應該時刻提醒自己消費誤區為自己和家庭帶來的不良影響，以免使自己的生活受到重挫。

那麼，消費者出現的消費誤區都有哪些呢？

(1) 健康食品消費。

目前，社會生活的節奏越來越快，我們幾乎沒有時間鍛鍊自己的身體，導致身體出現很多不適症狀或者是慢性疾病。因此，有不少人選擇去健身房鍛鍊或者購買一些健身器材在家中鍛鍊身體，這一做法是可以認同的，而且是非常時尚的消費。但是，想要透過購買健康食品使自己的身體強壯是不可能長久的，市場上的一些營養品、健康食品等是不能從根本上增強人們體質的。而且，很多營養品所面對的族群是有針對性的，不是對每個人都能夠起到作用。

(2) 不明不白地消費。

我們購買了一件商品是有權向商家索要稅務部門的正規發票的，而且這也是非常有必要的。但是，現在有不少人在購物後沒有注重這一環節，相信商家的口頭保證，不要發票。當商品有問題時就無處「申訴」了。

(3) 偏愛外國貨。

對於年輕一輩人來說，崇洋媚外的現象非常普遍，總認為「自家」的商品沒有「別家」的好，事實上，國產的多種日用品絕對不在舶來品之下。而且，市面上銷售的舶來品不一定全是真貨，商家看中了人們崇洋的心理，把本土貨當舶來品賣，掛羊頭賣狗肉，品質可想而知。

(4) 輕信廣告。

在這個資訊時代，廣告幾乎無孔不入，在捷運、公車、報紙、電腦上等到處都充斥著大量廣告，商家之所以會這樣做，是他抓住了人們的消費心理，而事實也是如此，很多人都抵禦不住廣告的連環轟炸。有些人目前不需要任何商品，但是在平時看到的那些廣告已經植入到了他們的大腦中，當他們在超市中看到廣告中的商品後，就會對這件商品產生興趣。這不是商品本身的魅力，而是廣告的神通廣大。我們在購物的時候應該避免掉入這樣的圈套之中。

(5)　只買名牌貨。

有不少人認為，買東西就要買最好的，這樣的商品使用期限就會加長，反而省去了不少更換的費用。持這種觀念的人是很多的，但是有人覺得凡事都應該向名牌看齊就大錯特錯了。名牌商品的品質是很好，但是普通牌子的商品也有品質好的。不要因為追求名牌，不顧自身的經濟狀況，弄得自己財務緊張。

(6)　負債消費。

負債消費是在最近幾年才流行開來的，比如貸款買房、買車等，雖然這種消費方式能夠讓我們暫時享受生活，但是負債總有一天要還的。若是在消費前不多加考慮，身上背負多種債務，不僅不會使自己得到快樂，還會弄得身心疲憊。

6. 購車，你養得起嗎

買車，是不少人期盼已久的事情。從小時候開始，不少男孩子就已經在認識各種車子的品牌了，不論是國內的還是國外的車型都瞭若指掌，只等著自己將來賺錢後可以買一輛心儀的汽車。當然，大部分人買車並不是因為小時候的夢想，而是為了出行更便利或者工作需求等。但不管買車的原因是什麼，都應該經過深思熟慮，畢竟這不是在購買衣服，不喜歡可以不穿。但買車就不同了，買完車後還要養車，汽油、維修、停車等，沒有一項是不收費的。

在收入方面，每個人的收入都不可能是一樣的，甚至差距非常大，而這也就決定人們是否有能力購車、養車。有這樣一項分析，可供我們參考：月收入在兩萬內的人，是買不起車的；月收入在三萬左右的人，買得起車，但是養不起車；月收入在四萬左右的人，買得起車，也養得起車，但是只能購買五十萬元左右的車；月收入在六萬元左右的人，有能力購買七十五萬元左右的車；月收入在十萬元以上的人，有能力購買一百萬元左右的車。

為了避免出現買得起車，卻讓自己的理財出現「崩潰」的狀況，在購車前，應該充分考慮以下幾個問題。

(1) 買自排還是手排？

對於汽車而言，手排的一般製造成本低，機械效率較高，因此比較省油，購買成本相對來說較低。手排汽車結構相對來說較簡單，因此維護便利，其成本也較低。不過在路況不好的情況下，駕駛手排疲勞程度會增加。一般比較適合駕齡長、駕駛經驗豐富的族群。

而自排汽車一般機械效率較低，相對比較費油，但可很大程度上降低駕駛疲勞程度，適合初學者或技術比較欠缺的族群。買自排還是手排應根據自己的實際情況綜合考量。

(2) 買兩廂還是三廂？

所謂兩廂，是指將後車廂與駕駛室做成同一個廂體，車頂平滑過渡，車內沒有密封隔擋。一般來說，兩廂車會比三廂車短一些。兩廂適合裝載大型物品或少量小型行李，因為其後排座椅一般可以放倒，使後車廂的空間與後排座空間打通。而所謂三廂，也就是指發動機艙、成員艙、後車廂，三廂車適合裝載多件中小型行李，可以有更大的載物空間，但是相應的油耗也就增加了，而且在都市擁擠的路況條件下，靈活性也不如兩廂車。而一般來說，三廂車相對比兩廂車在購車費用也要貴一些。這也是買車要考慮的問題。

(3)　買新車還是二手車？

對於一些資金不太充足或者精打細算的人而言，他們可能會偏向於買二手車。因為二手車價格相對便宜，省去了領牌等費用。只是在購買二手車時，購買管道上應慎重選擇，對於來路不明的車不要輕易購買。

如果你是新手，駕駛技術不太嫻熟，這是最「毀」車的，建議你駕駛技術沒練出來之前可以買輛二手車練練手感，新車最重要的就是磨合，如果磨合不好，費油不說，日後的毛病也少不了，無形中又會增加很多費用。如果你是一位駕駛老手，想換部車，而且資金也充裕，那當然可以選擇買輛不錯的新車。

7. 家庭消費，你不可不知的技巧

當組建一個家庭後，家庭的支柱就是經濟，只有經濟穩定，家庭的正常生活才能夠進行。建立一個經濟寬鬆、關係融洽的家庭是每一位家庭成員的願望，但是想要實現這個願望，就應該從家庭的實際情況出發，對消費進行規劃，並從消費中尋找到省錢的技巧。

與家庭經濟掛鉤的就是消費，而日常消費直接影響到家庭的經濟狀況，所以，每一個家庭都應該重視消費。在消費的時候，切記不可浪費，成為「月光族」等，應該依據家庭存款和收入的情況合理安排開銷，進行合理地消費。通常來說，家庭消費情況有以下三個方面。

(1) 收入大於支出。

有些家庭每個月的收入一直比支出要大，這就使家庭的財務得到了保障，而且還能夠有閒錢進行投資。只要投資順利，隨著投資的時間推移，投資的報酬就會呈現成長的趨勢。

如果投資所得的資金高於工作收入，那麼，家庭的主要經濟來源就是投資所獲得的收益；如果投資所獲得的收益高於支出，那麼，家庭中的消費就可以用投資收益來支付，這樣的家庭已經實現了財富自由。

(2) 收入等於支出。

消費支出總是受到收入的影響，從長遠來看，支出與收入是相等的。如果家庭在剛剛建立的時候就進行了投資，還得到了一定的收益，投資的收益就會越來越多，但是想要獲得財務自由還需要一段很長的路要走。若是在家庭剛剛建立的時候沒有投資，那麼，經常進行這種模式的消費，就會離財務自由越來越遠。

(3) 支出大於收入。

當今，「月光族」式消費已經成了年輕一代經常出現的消費模式，顯然，這種消費模式是非常不可取的。當消費總是高於收入時，日後的消費就會動用家庭儲蓄在銀行中的固定資產，長此以往，家庭的儲蓄就會逐漸減少，使家庭的財務出現問題。

通常來說，家庭的開銷主要是固定支出、機動支出和大項支出這幾方面。這些支出在家庭生活中是不能避免的，所以，如何做到科學支配才是理財的關鍵。只要科學支配省下來的收入就可以用於儲蓄。

那麼，在家庭消費中，都有哪些技巧呢？

(1) 適時消費。

在日常消費中，應該隨著消費觀念的轉變，調整自己的消費計畫，不要將錢花在已經不合時宜的商品上，避免出現浪費的現象。

(2) 邊際效用的應用。

很多事物都能為人帶來滿足感，比如服裝，在經濟學上，這樣的滿足被稱作「效用」。但是，當人們在購買每一單位的商品時，所產生的效用是不一樣的。邊際效用是指某種物品的消費量每增加一單位所增加的滿足程度。比如一個人吃炸雞腿，吃第一塊的時候感覺很美味，這時的邊際效用是很高的，吃第三塊也感覺不錯，吃第六塊的時候已經感覺很撐了，不願意吃了，這時的邊際效用就是零。若此時還要繼續吃下去，就會造成腸胃不適，邊際效用就會成為負值。依據邊際效用，我們可以把六塊雞腿的消費分散到其他需求上，比如吃三塊雞腿，買一本書，再喝杯飲料，雖然開銷是一樣的，但是效用被大大增加了。所以，在家庭消費中，我們應該多提倡多元消費。

(3) 精打細算。

在日常消費中，應該知道自己的需求是什麼，對於沒有必要消費的就不要消費，有必要消費的絕不「小氣」。此外，在應該消費的商品上，應該精打細算，以最優惠的價格購買到自己需要的商品。比如附近有早市，當自己想要買菜時，就應該早起去早市購買，因為早市上的蔬菜通常都相對新鮮且便宜。

第三章　一看二問三還價——購物消費

第四章　巧用錢才會過得好

——處處可見的生活理財

賺錢的方法不計其數，而省錢的方法也如此。團購、AA制、精打細算……

可見，生活之中處處都可節省，而學會巧用錢則是理財之中很重要的一部分。

試問一個花錢總是不在乎多少的人，哪裡有錢用來理財呢？

1. 計算好你的「購物車」

在我們的身邊通常會出現這樣的現象：一位女士推著購物車走進了超市，東看看、西看看，拿一袋零食，選一盒面膜，又放進一袋洗衣粉……本想用五百元解決自己的購物，沒想到一結帳，購買的商品價格竟然破千了。為什麼會出現這樣的現象呢？原因有很多，而最主要的就是她的物品占有欲。

因為對物品的占有欲不斷地在作祟，所以，人們在購買商品的時候就會買很多自己根本就不需要的東西。商人們想要獲得更大的利益，於是就打出了很多對消費者來說具有誘惑力的廣告，而消費者卻很少有人能夠抵抗住這些誘惑。

那麼，怎樣做才能夠避免出現這種亂花錢的狀況呢？那就是計算好你的「購物車」。我們在購物的時候只有明確目的，才能夠避免出現這樣的狀況，而想要明確自己的購物目的，則需要把你想要購買的商品列在紙上。就算貨物大減價，也應該按需購買，不可盲目跟風，把錢用在該用的地方，不要隨意揮霍。

但是，僅列出購物商品只是完成了購物的前半部分工作，對於成功的理財者來說，他們還會對商品進行預算，然後將自己的錢控制在預算範圍內，這樣就能夠保證你的消費不超標。

對於一個真正會花錢的人來說，在購買商品的時候比商家還要精明。在去購物中心前，他會做一些調查研究，然後在家中仔細做一番購物計畫。比如說確定自己所要購買的商品，做好商品預算，在錢包中只放和預算差不多的錢，不帶信用卡等。有了這些準備工作，等到他去購物中心購物的時候就會直奔目標，對於賣家的介紹無動於衷，就算自己真的對其他不需要的商品動心了，也沒有足夠的錢支付，這樣的購物方式是非常明智的。

在當今這個物欲橫流的社會，在任何地方，都存在著看似奢華，卻毫不實用的東西。而對於商家的誇大宣傳，身邊人總是炫耀著剛剛購買的高級化妝品、名牌衣服……這些都在慫恿著我們去消費、消費、再消費。

如果你不能抵抗住這些誘惑，那就在購物前，計算一下你的「購物車」吧！看看你應該帶多少錢出門。

2. 少花錢也能穿著時尚

隨著社會的進步，我們生活中的一切都在發生著改變，而服裝是比較突出的。服裝設計師用各種新奇的設計，將這個色彩單調的世界打扮得五彩繽紛。但是大量生產的服裝不僅沒有將服裝市場的整體價格壓低，反而還提升了很多。當我們面對這些令人心動的服裝時，難免會一時衝動，將自己半個月甚至一個月的薪水全部花掉。

這樣的消費會讓我們的錢包一點點「瘦」下去，使理財受到不小的影響，但是身邊人的時尚穿著會讓自己既羡慕又嫉妒，這可怎麼辦呢?事實上，完全可以避免這種狀況出現的，而且還能夠買到一件很時尚的衣服，但是這需要一些購衣技巧。

(1) 購買「保鮮期」長的服裝。

時尚是大部分年輕人的追求，他們總是想讓自己走在時尚的前沿，但是在每一年，都會出現一些新的流行元素，風格、色彩、布料等。所以既想要時尚，還想要在服裝上節省開銷，那麼就要購買一些「保鮮期」長的服裝。在休閒的時候，可以看一些時尚書刊，抓住時尚的要點，預測流行的趨勢。最保險的衣服就是那些經典款式，它們在很長時間內都不會過時。光有經典款式的衣服就想要時尚起來是不可能的，要在經典的基礎上搭配一些時尚元素，這些元素就是亮點，而且價格遠沒有服裝高。所以，用這種方法購買衣服，就能夠節省很多不必要的開銷。

(2) 留意服裝的搭配性。

在穿衣的時候，除了要看單個服裝是否有特色，還要注意這些單一的服裝搭配在一起是不是協調，能不能將你自己的品味展示出來。所以在購買服飾的時候，應該想一想自己已有的服裝風格是哪一類，然後再夠買。需要注意一點，有些服裝的風格雖然不同，但是搭配在一起會出現另外一種很好的效果，所以在購買的時候不需要總按照一個風格來選擇，這樣搭配起來的效果才會多種多樣，節省購買服裝的數量。

(3) 等待購買時機。

服裝的更換率是很高的，也許三個月就會將一件衣服淘汰掉，特別是女裝，在服裝剛剛上市的時候，價格是比較高的，但是等到要換季的時候，這些價格高昂的服裝就會被優惠處理掉，在這個時候買，就可以省下一大筆錢。但是需要注意一點，這是針對經典款服裝而言的。

(4) 一定要殺價。

想要衣服更便宜一些，不是只有在低價處理的時候才能夠實現，自己殺價也同樣能實現。雖然有很多衣服都是明碼標價的，但是你不殺價試一試，怎麼知道這件衣服是不是能便宜一些呢？尤其是老闆本人銷售服裝的店，更容易將價格壓下來，因為他不像導購那樣，不敢擅自更改價格。

(5) 不容易洗的衣服不要買。

對於那些款式好看的，但卻不容易清洗的衣服要盡量少買，有些衣服甚至還要送到乾洗店中清洗，這樣就會額外增加支出。因此，買衣服不僅要款式漂亮，還應該容易清洗。

(6) 找到屬於自己的風格。

在一年之中，服裝的新樣式總會不停更換，如果你不知道自己適合哪種風格，那麼，就會沒有目標，胡亂購買衣服，最後在穿的時候才發現這些衣服不能將自己的品味展示出來，那麼，就會浪費很多錢。因此，在購買衣服前，應該清楚自己適合哪種風格，哪類衣服才能把自己的缺點掩蓋起來，把優點展示出來。

事實上，想要穿得時尚，不是只有名牌衣服才能穿出來的。只要你能夠充分掌握以上這些購衣技巧，對衣服進行搭配，就能夠讓你穿出時尚，穿出品味，當然還能夠讓你節省一筆不少的錢。

3. 買房和租房，哪個更划算

房價，這是一個讓我們不得不認真對待的問題，而從理財的角度去考慮，到底是租房划算，還是買房更划算呢？

其實，買房這在華人的傳統觀念中是一件必須要完成的事情，而這種觀點可以說是根深蒂固的。正所謂：「男大當婚，女大當嫁。」特別是在今天，有多少大齡青年，因為房子問題，總是找不到結婚對象。

買了房，房子就是自己的了，但是我們租的房子卻永遠都是別人的，為此，很多人結婚之前必須要買房就是因為租房會給人一種不穩定，甚至是不安全的感覺。

特別是對於講究團圓、圓滿的臺灣人而言，能夠擁有自己的房子，這是生活中的基本大事之一。

可是，根據現如今的房地產形勢來看，房價在總體上還是呈現出了上漲的趨勢，如果不趁早購買，那麼也許真的買不起了。

買了房子，房價也能有一定的升值空間，這反而又成為一種投資行為。也正是因為這方面的因素，買房的觀點一直都在社會上占據著主導的地位，相信不僅是今天，在以後的很長一段時間內這一觀點都不會發生改變。

但是，與買房相對的，就是另外一種逐漸被越來越多的人所共識的觀點。而這一觀點，就是認為租房要比買房更加划算。

對於持有這種觀點的人來說，租房可以讓居住的成本變得更低，讓現有的資金更加靈活，也會為你帶來更多的收益。不僅如此，由於租房能夠減少資金的支出，也會讓你的生活品質相對更好。特別是對於那些經濟能力一般的普通上班族來說，這種消費方式顯然會大幅減少他們的壓力。而且，如今很多人的工作非常容易出現變動，租房也可以讓你的工作變得更加靈活。

反之，如果是選擇買房的話，僅首付就會花費你的大筆資金，讓人很難做到資金的合理支配。與此同時，另外的一種風險也是必須要考慮的，就是如今房價的變化非常快，誰知道以後房價情況會是怎樣呢？這對於買房的人而言，不能不說是一種風險。

確實，在目前的房價情況下，租房可以讓生活品質變得更高。如果現在的經濟能力還不夠好，還不足以支撐高昂的房價，那麼，選擇租房生活壓力會減小很多，也可以把人力、物力用在更加合適的地方，用手中的錢進行更加實際的投資，從而帶來更大的收益。

但是，相對於其他的投資來說，除非是在一些大都市，不然買房的資金周轉是非常慢的。不僅時間會很長，而且風險也會比較大。

在這個時候，還不如把資金投放到選擇買車，甚至是去旅遊，享受生活，提高生活的品質。

雖然在華人的觀念裡，買房是一生中的大事，可是，大事卻絕對不是必然之事。買房也是要講究時機的。至少在現階段的房價下，租房顯然是更加划算的。

其實有的時候，應該勇於打破傳統觀念，意識到買房和租房其實都是一種生活方式。由於租房可以隨意選擇居住地點，可以隨著工作、自然環境、社會環境的調整和變化而進行改變。

但是，如果一旦買了房子，那麼周邊的環境也就固定了，不管環境怎麼樣，也不論上下班的路程有多遠，都必須去被動接受。

如果遇到自己買的房子附近上下班塞車，周邊生活機能不佳，那麼也沒有辦法，只能接受現實。但是相對租房而言就可以靈活一些。

買一套房子，一次支出可能就高達幾百萬元，除此之外還要每個月還房貸，成本遠遠超過了租房。

當然，買房固然能夠得到收益，可是如果把這樣一筆資金拿去做其他的投資，那麼可能會獲得更高的收益。而且，在買房之後，還需要承擔還款的壓力、面對房價下跌的風險等。

其實，買房和租房，各有利弊，到底哪個更划算，還需要結合每一個人的實際情況進行分析，只有這樣才可以做出合理的選擇。

4. 精打細算巧旅遊

現如今，旅遊已經逐漸進入每一個家庭，特別是到了節假日，通常會親朋好友一起遊山玩水，暢遊在寶島秀麗的高山綠水之間，這不能不說是人生的一大享受。

出去旅遊的時候，一般都要遠離自己的居住地，而且在旅行過程中的花費也會有非常大的不確定性。甚至一不小心，就會出現大筆的開銷。所以精打細算巧旅遊，不僅能讓自己玩得好，還要讓自己的錢花得少，才是真正的旅遊王道。

下面介紹幾種較為省錢的旅遊方式。

(1)朋友一起包車同行。

一般到達旅遊地之後，要在當地選擇交通工具，而租車也是要講方法的，在這裡具體來講解一下。千萬不要等到了目的地再去臨時租車，而是可以事先多聯絡一些人，大家集體去包車。因為人多的話，包車相對而言肯定會比個人租車，或者是搭乘常規的班車更加方便和划算。第一，能夠有效節省旅遊的時間；第二，還可以節省體力；第三，減少了一些不必要的麻煩。

有些人，喜歡每次在出發之前，透過網路或者是根據網友的推薦聯絡當地的司機，談妥包車價錢。其實，這也是一種不錯的方法，因為網友的推薦比較真實，透過這種方式包車不僅經濟，而且更加安全。

(2)巧妙向當地人打聽餐館。

當到達旅遊景點，肯定會想著品嘗當地的美食，而且，品嘗各地的美食早已經成為旅行當中重要的內容。不過，建議每到一處，首先去找當地人打聽一下應該到哪裡去吃特色小吃。

因為當地人了解到的肯定是最傳統，也是經濟實惠的。而一般名聲在外的餐館，價錢是不便宜的，當然也可以選擇到這些有名的飯店去就餐，但是，也不要因此錯過道地的小店鋪，這些小店鋪的味道絲毫不遜色，而且也是非常正宗的，可以說是物美價廉。

(3) 選旅館要避「洋」就「土」。

旅遊當中的住宿是必須要考慮的。在出行之前，就應該提前打聽一下當地是否有朋友曾住過的旅館。如果有，那麼可以向朋友了解情況，一般朋友推薦的旅館 CP 值都比較高，不僅價格便宜，而且安全衛生。

當然，在選擇的時候也應該事先考慮旅館的地理位置。應該考慮選擇交通比較方便，但又不是在繁華地段的旅館，這樣，價位通常比較便宜，運氣好的話甚至還會趕上打折的活動。

如果資金充足，確定要入住級別比較高的飯店，那麼不妨考慮一下一些名氣不大，可是品質不差，或者是由於位置稍偏而稍微便宜的飯店。

(4) 旅遊出行要提前訂票。

對於準備要遠行的人而言，應該提前訂票，因為這意味著能夠節省很多錢。很多航空公司都有提前預訂機票可以享受優惠的活動，而且預訂得越早，優惠越多。

以預訂飛機票為例，進行以下分析。國際機票的價格空間其實是非常大的，如果已經決定了要去某個地方，首先就需要看有哪些航空公司開闢了這條航線。之後，就需要經常打電話給各家航空公司詢問機票剩餘的情況。

航空公司本身的機票資訊是最直接的，但是，當你向他們詢問機票價格的時候，就會發現機票的價格通常要比旅行社貴。接下來就要再打電話到各處旅行社或者是票務代理處去詢問機票的價格，為了保證買到座位，也可以在價格較為便宜的情況下訂位，在訂位後若是能讓旅行社將訂位單傳給你，你就不用擔心座位的問題了。其實，對於乘客來說，問得越多越有利，如果想省錢的話，就需要花費這樣的時間和精力。

當然，為了節省更多的錢，你可以將一次性便可以到達目的地的旅程分為兩部分，先搭乘一輛飛機，再轉乘另一輛火車到達目的地。這樣比直接搭乘飛機所花費的錢要少一點。

(5) 爭取團購門票。

對於自助旅行的俱樂部或者人數很多的團體而言，景點門票在購買的時候也是非常有學問的。現在網路非常發達，應該充分利用各種資源。比如，可以找一份旅遊公司的聯絡名單，然後到景點去拿旅行社的團體門票。還可以想辦法找到一份旅行社的地區或景色的旅行收費表，這樣門票也是可以按照團隊進行打折，團體門票一般可以打七到八折。當然，有的時候親自去談，所得到的折扣可能要比旅行社的地區或景色的旅行收費表還管用，往往都能夠打到五折以下，前提是必須要有一個可觀的成員人數。

(6) 統籌兼顧，選擇好景點。

出門旅遊，能玩好是最主要的目的，那麼如何才能在玩上面省錢，這裡就需要精心籌劃了。

首先，要對想去的旅遊景區有所了解，從當中選出一些具有特色的必去之處，避免在旅遊結束之後留下遺憾；其次，在旅遊的時候最好留一些時間去逛街，因為這樣不僅不需要花錢買門票，還能夠切身體會當地的風土人情。

除此之外，和旅行社一起出行，有時候很多景點旅行社是沒有安排的。此外，還會有很多沒有開發出來的景點，去這些地方不僅不用購買門票，而且也不會人山人海，有足夠的時間讓自己放鬆身心，享受大自然的風光。相信如果在旅行過程中，有機會去這樣一些地方，你一定會有很大的收獲。

總之，做到精打細算去旅遊這是最終目標，而前提是旅行前要做出詳細的出行計畫，對旅遊過程中的每一筆費用，比如交通費、飲食費、住宿費、購物費及額外花費等都做好預算，這樣才能夠真正做到既省錢，又玩得盡興。

5. 輕鬆應用 AA 制

隨著社會的進步，人們生活壓力也在增加，而這在一定程度上導致了很多家庭的消費觀念出現了轉變。在家庭消費中，不再只是男方出錢養家了，女方也要拿出一些錢來貼補家用，各人平均分擔所需費用。這些費用包括房屋貸款、養車費、教育費、生活費等。這種理財方式被人們稱為 AA 制。

那麼，在家庭之中使用 AA 制是否妥當？有些人認為這樣的理財制度容易讓家庭破裂，因為這會令很多人聯想到對方有在將來準備「拆夥」的想法；也有一些人認為，AA 制是應該受到推崇的，這樣能夠讓家庭中所有人的錢財得到合理的規劃，還能夠給對方無限的自由，有利於家庭和諧。

事實上，這兩種說法都是正確的，因為每個家庭的情況不同。有些家庭適合 AA 制，但有些家庭是不適合的。那麼，究竟哪些家庭比較適合AA制呢？

(1) 收入很高的家庭。

AA制不僅展現在消費方面，還展現在存錢方面。不僅要自己花自己的錢，還要自己存自己的錢。這一點對於高收入家庭是沒有問題的，但是對於收入不多的家庭來說，必須將兩個人的收入加在一起花，才能夠生活下去，AA制在這種情況下，就失去了它真正的作用。對於收入不高的家庭來說，將錢放在一起反而更利於統一管理，減小花費。

(2) 夫妻收入相當的家庭。

在日常生活中，夫妻二人的月收入通常都會存在差距，若是男方的月收入為五萬元，女方的月收入為兩萬五千元，那麼，也就沒有實行AA制的必要了。

(3) 觀念超前的家庭。

想要實行AA制，那麼實行的雙方必須都認可這種理財方式。若是夫妻雙方有一人不贊成，那麼，這種理財方式就不能實行，以免影響雙方感情。

實行AA制，除了要綜合考量家庭因素外，還應該注意以下四點。

(1) 要公開透明。

雖然是各花各的錢，但雙方有知道對方收支狀況的權利，雙方應定期告知對方自己的收入和支出等財務狀況。若是夫妻中有一人私藏錢財，那麼，一旦被對方得知，雙方感情必定會受到影響。

(2) 建立家庭的共同基金。

雖然雙方在消費和儲蓄上是獨立的，但是兩人必須有一個共同的投資，比如生活費用、教育費用、買房費用等，可以根據各人的收入，兩人分別拿出自己收入的一部分放入這些投資之中，這樣更便於理財。

(3) 不可斤斤計較。

在實行 AA 制的過程中，難免會出現一方多花的情況，但是不能太斤斤計較，因為夫妻之間本身就不能實行絕對的 AA 制，否則會使夫妻之間出現嫌隙，或使感情冷淡。

(4) 雙方都應該維護家庭利益。

不管雙方在支出和理財方面分得多清楚，也不能忽視對家庭的維護，每個人都應該將錢多投入家庭一些，提高生活品質。

6. 網路時代的省錢竅門

當今社會，科技發展迅速，網路幾乎已經遍布全球各地，網路購物成了大多數年輕人喜愛的購物方式。網路的店鋪來自全球各地，這種購物方式不需要購物者走街串巷，一家一家去買東西，只需透過瀏覽網頁就能夠實現足不出戶、在家購物。

如今電子商務網站有很多，比如 momo、蝦皮、PChome 等，特別是蝦皮，很多上班族甚至一下班就打開電腦逛蝦皮。電子商務和一般的商務比較起來，它具有的優勢就是開店費用低，甚至是零成本。所以，所售商品的價格也非常低廉，能吸引大量的顧客。

無論是普通的上班族還是走在潮流前端的白領族群，可以說大部分人都曾經在網路上買過東西。有些人只是喜歡上網購物的感覺，而有些人想透過這種購物方式購買自己很難在生活中購買到的物品，還有一部分人已經將網購替代了實體店購物。

在生活中，會因為諸多原因，國外的商品必須經過多個環節才能夠到達客戶的手上。而正因為如此，商品的運輸成本越來越高，當然價格也就不會太便宜。而在網路上進行銷售，不用經過層層「關卡」，省去了不少成本，再加上有很多商品都是廠商直銷，這樣一來，網路上的商品就會比實體店中的便宜很多。

網購可以給我們帶來諸多好處，但是如果不能夠很好地利用這個平台，不僅不能買到物美價廉的商品，還會讓自己花錢買一些沒有用處的「垃圾」產品。那麼，在進行網購的時候，應該注意哪些呢？

（1）多比多看。

當在一家商鋪中看到自己中意的商品後，不要急於購買，將商品的名稱複製下來，然後在網站中搜一搜還有哪些商家也在出售這種商品，通常情況下，同一種商品在不同的商鋪的價格差異比較大，透過對比，可以從中選擇一款價格較便宜的商品。

(2) 注意店鋪資訊。

在選擇好商品後，點擊商品進入店鋪，首先應該看一看商家的信用額度、註冊時間，然後再查看一下買家評論，很多時候，買家的評論具有很大的參考價值。

(3) 向賣家詢問詳情。

當自己真的確定要購買這件商品時，要和店主聊一聊，問問商品的規格、材質等一些自己無法確定的資訊。

透過以上三個步驟，如果沒有問題的話，那就可以放心購買這個商品了。

網上銷售的商品已經非常便宜了，如果還想要商品的價格更便宜一些，可以在「現金回饋網」上購買，在這家網店購買商品，可以得到一定的現金回饋。現金回饋就是以顧客所購買的商品價格為準則，以現金的方式將費用回饋給顧客，最高回饋百分之十五。如果你不確定商品是否適合自己，可以先在實體店試一試，然後再從網路上購買。這樣不僅可以節省很多錢，還能夠買到稱心如意的商品。

7. 省電省水有門路

在日常生活中，很多地方都可以節省開銷，比如水和電。這兩樣東西是生活中必不可少的，同時也是最容易造成浪費的。在很多時候，有些水和電都是可以節省下來的，下面，就為大家分別推薦幾種節電和節水的方法。

(1)　節電方法。

A. 隨手拔掉電源插頭。很多人都說，我該關的燈絕不會開著，甚至晚上都不開燈，怎麼會浪費電呢？事實上，我們對電造成了浪費都是在一些小細節上造成的，比如用完電不拔掉電源插頭。有不少人認為只要電器關閉了，即使插著電源也不會耗電，殊不知，這些電器正將電一點點的「偷走」。在一個家庭中，有冷氣、電視、電腦、微波爐等電器，若是在不需要的時候總是不斷掉電源，那麼，這些電器的耗電量就和開著一盞二十瓦左右的燈一樣。

會在不知不覺中「偷」走電的電器包括冷氣、洗衣機、手機充電器、電腦、列印機、電視機等。當電源關閉時，這些電器中的紅外線接收遙控電路是處於待機狀態的，在這種狀態下，電器一樣會耗電的。所以，在平時不使用電器的時候，應該將電源插頭拔掉。

B. 使用省電燈泡。省電燈泡在使用的時候不僅不會亮度昏暗，而且還能節約大量的照明電能和費用。省電燈泡在家庭照明中的使用頻率是最高的，通常情況下，廚房和用餐房間所使用的瓦數能夠達到每平方公尺四瓦就可以了，而客廳只要每平方公尺八瓦即可。在選擇省電燈泡的時候，應該結合它實際的使用頻率和要求來確定瓦數，不要讓電白白浪費掉。

C. 隨手關燈。在每個家庭中，幾乎都有五六盞燈，這些燈如果同時亮著是非常耗電的。所以在夜晚使用完一個房間的燈後就應該將其隨手熄掉。

D. 使用變頻冷氣。定頻冷氣在使用的時候避免不了要重複開關，由於經常重複開關，冷氣需要調整的溫差會非常大，功率也會隨之變大，自然就不省電了。而變頻冷氣一直開著能夠省很多電，由於自身具有自動調節冷熱的功能，所以室內的溫度是恆定的，相比較而言，這種冷氣更省電。

E. 不使用電鍋燒開水。電鍋和水壺的功率是相同的，但是水壺燒水更加快捷，因此，用電鍋燒開水是非常不明智的。

F. 充分利用電腦的節能功能。在使用電腦的時候一定看到過「休眠」、「待機」等這些選項，很多人可能並不知道選擇這些選項的必要性。事實上，在一段時間內使用電腦的時候選擇這些選項，能夠將節省很多電量。所以，在不使用電腦的時候，不要讓它總亮著，讓電腦「休息」一會兒。

(2) 節水方法。

A. 預防管線漏水。經過調查顯示，若是在使用過水龍頭後，沒有將其關緊，使裡面的水流出來了，水流即使非常細，經過累積也會浪費很多水。所以，每次在使用完自來水後，應該留意一下水龍頭是否關緊。若是某個月的水費離奇的高，那麼應該將家中的水龍頭全部關閉，檢查一下水表，仔細看看里面那根紅色三角形的指針，若是它一直在走動，那麼，就說明水管有漏水情況。此時，應該查看一下水管接頭、水池、馬桶水箱，還有埋在牆壁中或是地下的管線是否出現了漏水狀況。若是埋在牆壁中或是地下的管線漏水了，或是水管接頭漏水，應該立即告知維修人員。

B. 一水多用。在日常生活中，應該盡量做到一水多用，比如洗完米的水不要倒掉，可以用來洗蔬菜和水果，不僅可以節約水資源，還能夠有效消除果蔬表面噴灑的農藥，洗菜水可以澆花或者沖馬桶，這樣就做到了一水多用。除了可以利用自來水中的二次水、三次水外，還可以利用雨水。將雨水收集起來可以用來洗車、澆花，這樣不僅可以節約水資源，還可以節省一些錢。

C. 使用低流量水龍頭。使用這種水龍頭，單位時間內流出來的水就會比普通水龍頭少很多。最重要的是由於裝置的特殊性，在打開水龍頭的一瞬間，空氣就會進入其中，穩定水流速度，從而達到省水的作用，而且還不會降低清洗效果。

8. 省一分是一分，討價讓錢更有價值

在日常生活中，食、衣、住、行每樣都需要花錢，但是除了在超市或者正品專賣店中，每樣商品都有討價還價的空間。因此，應該在購物過程中，盡量地壓低價格。

那麼，最有效的討價方式有哪些呢？

(1)　博弈心理。

在購買商品的時候可以充分運用博弈心理，比如在購買衣服的時候，應該先讓商家報出價格。若是你在購物中心中相中了一款衣服，立即試穿在身上，而且面露喜色，將自己想要購買的意願都展現出來了，那麼想要低價購買就難上加難了。但是如果你看上了一件衣服之後，表現出沒有必要購買的神態，在原地猶豫不決時，商家就會為了留住您的腳步，報出很實在的價格。

在購買服裝的時候，最好能帶著同伴去，一個人表現出喜歡，另一個人表現出不喜歡；一個

人總評論衣服的優點，另一個人總評論衣服的缺點。這樣兩種不同的表現，能夠讓商家降低報價。但是要注意一點，應該帶著同性朋友一起去購物，異性所起到的效果可能相反。

當自己在購物中心看中自己想要購買的商品時，不要太過興奮，急於購買，先讓商家報出一個價格，然後將價格降低一些，探一探商家所報價格的虛實。如果商家不肯降價，消費者就可以一走了之，看看商家會不會讓步。若是商家喊回消費者，一定是非常不錯的交易，若是商家沒有喊回消費者，那麼一定是消費者的出價太低了。這種討價方式利用的就是博弈心理。

(2) 適當挑剔。

在挑選商品時，當感覺到自己真心想要這件商品的時候，先看看該商品自身具有的缺點，不要只看到它的優點，這樣更利於討價還價。但是如果商品確實非常完美，那麼，可以編一些恰當的理由，比如衣服是長版的，可以有意說自己喜歡短版的。這時，再適當降低一下商品的價格就能得到很好的回應了。但是在挑剔的時候應該適度，不可太過。

(3) 詢貴買賤。

在購買商品的時候，人們通常都會貨比三家，在價格較低的一家進行購買。但是在現在使用這樣的方法不一定能買到價格低廉的商品。因為這樣的購買方式勢必需要大量的時間，而且很多商家為了避免出現競爭的狀況，通常會制定一個相同的價格，這樣一來，不管消費者逛幾家店，都不能得到優惠。事實上，想要商家報出最接近實價的方法還有很多，比如詢貴買賤。

當你想要購買沙發的時候，看到購物中心中有一個床，就可以假裝自己要買床，之後詢問商家床的價格，當商家報出價格後，再問下可不可以便宜一些。然後表現得猶豫一些。此時，再詢問沙發的價格，在商家再次報價後，再問問可不可以便宜一些，此時商家一定會給出更便宜一些的價格。而這個價錢通常是最低的價格。

(4)　循序漸進。

對於想要購買大批量商品的人來說，應該採取循序漸進的方式購買商品。比如，當確定要購買一百五十噸的貨物後，先不要一次性說自己想要購買一百五十噸，應該說自己想要購買一百噸，當價格談好後，表現出很動心的樣子，對商家說，若是貨物再便宜一點，就再買五十噸，這樣就會給對方「如果再便宜一些就能再贏得五十噸的利潤」的感覺，對方就真會給你最優惠的價格，這比一次性說出購買一百五十噸貨物要省很多。

事實上，在購買商品的時候，想要最大限度地得到優惠，要將自己的大腦和嘴巴結合在一起使用，就算你沒有將價格壓下來，商家也可能會送給你一些小禮品。想要理財，購買低價商品，先從訓練口才開始吧！

9. CP值——購物的著眼點

日常生活中，經常會聽到人們說：「買東西要看CP值。」那麼，究竟什麼是CP值呢？從字面上來了解，CP值就是性能和價格比，是性能和價格的比例。事實上，CP值就是物品各個方面優點和價格之間的比較，優點越多，價格越低，CP值才越高。而對於一個有經驗的理財專家，在購買任何東西的時候，都會追求這一點。

在購買房產的時候，有不少售樓人員為了售出房子，總是向顧客說明這套房子的CP值如何如何高，告訴購房者價格非常低，催促對方盡快下決定。但是，CP值不是只從價格方面來考慮的。

當有兩套情況類似的房子擺在人們的面前，而偏偏又各有優劣時，人們就會猶豫不決。比如一號房和二號房處在相同的地段，樓層、面積也一樣，但是一號房的價格卻比二號房的價格高出了五千元，此時，售樓人員的解釋是非常重要的。

一號房的售樓人員說，這套房子之所以價格會比其他相同地段的房子略高一點，是因為這套房子的結構是經過研究的，非常吉利，而且所有的建築材料都是綠色的、無汙染的，對人的健康十分有利，一家大型的綜合超市就在樓下，無論是從生活便利的角度，還是從健康的角度出發，您都應該選擇這套房子。

二號房的售樓人員說，我們所銷售的房子不管哪一套，價格都是一樣的，而且銷售情況非常好，您若是現在還不下手可就晚了。

聽完這兩處房產的銷售人員的解釋，絕大多數的人大概都會選擇一號房，這套房子的CP值高，價格稍貴一點也是應該的。

但是，我們在購物的時候，CP值不一定非要使用在兩個商品的同一性能上。比如購買電子產品，一個人挑選相機，A款的性能比較高，價格也偏高；B款的性能不高，因為牌子比較響亮，所以價值和A款在同一水平線上。綜合來看，A款的CP值就在B款之上。現在又出現了一款相機，該款的價格都比前兩種低很多，而且性能只是差了一點點，綜合來看，該款相機的 CP 值是三款相機中最高的。因為 CP 值就是性能與價格相除所得的比值。

CP 值具體變化的情況，可以從以下幾點來看。

(1) CP 值升高：性能升高、價格降低；性能增加幅度大，價格略微增加；性能略微變差、價格大幅度降低。

(2) CP 值不變：性能與價格的相對增加或降低不變。

(3) CP 值降低：性能變差、價格增加；性能略微升高、價格大幅度升高；性能降低、價格略微下降。

所以，在日常選購商品的時候，當銷售人員將兩件商品進行比較的時候，你一定要注意，仔細比較一下這兩件商品的 CP 值，不要被商家的話語所迷惑。此外，當商品的價格出現變化時，應該看一看商品在性能上是否出現了變化，弄清楚價格變化的原因，這樣才能真正購買到 CP 值高的商品。

10. 我的省油竅門

油價並不便宜，在這種情形之下，怎樣開車才能更省油成了眾多私家車主不遺餘力思考的事情。沒錯，省油開車勢在必行，節省一點油，就等於多賺了一些錢，而且還減少了空氣汙染，一舉兩得。

那麼，我們應該在車這一方面注意哪些問題，才能省油呢？

（1）選擇合適的車型。

眾所周知，微型汽車沒有大排量汽車耗油量高。所以，在選擇汽車時，如果沒有特殊情況，最好購買小排量的汽車。家用車主要在於經濟、實用，而不是追求闊氣、豪華，在選車前應該充分考慮自己的收入狀況、家庭成員的收入狀況和個人喜好等多方面的因素，根據自己的經濟實力來購買汽車。此外，在選車時，還要避開帶有太多電動設備的車，因為電動設備的存在會使車身加重，從而使油耗增加。

（2）時常清理後車廂。

車上的一切物品都會使車身加重，從而增加油耗，所以，想要降低油耗，就要養成經常清理後車廂的習慣。在不開車的時候就清理一下後車廂，看看有沒有多餘的、沒有用處的東西，從而降低車身的重量。

（3）低速盡量不開冷氣。

當低速行駛的時候，特別是在塞車或停車的情況下，最好不開冷氣。如果必須開冷氣，應該將溫度調到適中狀態，將空氣循環系統設定在車內循環檔，當車內溫度比較適宜時將冷氣暫時關閉。對於有些年輕人來說，這樣的做法顯得「摳門」，但是想要省錢，必須從這些細節做起，否則是不能達到目的的。

(4) 不要勉強爬坡。

在爬坡時不要在汽車慣性消失後才減檔，這樣不容易成功換檔，還會造成在坡道上熄火，這樣就需要在坡道上重新加油門，肯定很費油。但是也不要在上坡前踩很大的油門，這是因為變速器的轉動比是不會發生改變的，使用大油門來增加引擎的轉速不能獲得很大的速度，一樣耗油。想要上坡成功還省油應該所踩油門的力度能夠使車克服上坡阻力就可以。當條件適當時，可以提檔加速。

(5) 提早幾分鐘出門。

有不少人上班時慣性「壓底線」，所以在開車的時候總是萬分著急，盡最大限度加速開車，一路上不斷地加速、剎車，這樣一來，耗油量自然會增加。而且在上班尖峰期，塞車很嚴重，不僅費油，還容易因為擔心遲到而驚慌失措，出現交通事故。因此，開車出行應該提前一些，正常開車，享受省油的快樂。

(6) 出門前規劃好行駛路線。

在出行前，應該規劃一下自己的行車路線，盡量不要在塞車的時段和路段出行。在行駛的時候，應該多留意公路兩旁交通標誌的變動和修路改道的情況。此外，在出行前，還可以聽聽交通廣播，了解一下交通狀況再出行，避免遇到塞車，這樣才能縮短時間、降低油耗。

(7) 避免引擎長時間空轉。

在遇到塞車的情況下，或者是在車上等人時，最好不要使車輛的引擎空轉。有實驗證明，引擎空轉三分鐘所耗費的油可以支持汽車行駛一公里。所以，當車輛停止行駛的時間多於兩分鐘時，應該熄火。

(8) 中速行駛最省油。

在行駛的過程中，速度的控制是比較重要的，而且速度還會影響到油耗。通常情況下，中速行駛是最省油的。對於大部分車來說，將時速控制在六十到八十公里之間是最省油的。

透過對以上內容的了解，是不是有恍然大悟的感覺？是不是才知道省油也有這麼多的方法？省油不僅是為自己的經濟著想，還可以為社會環保出一點力，不管怎樣，利人利己從省油做起吧！

第四章　巧用錢才會過得好——處處可見的生活理財

第五章　存對錢，更賺錢

——讓銀行成為你的理財專家

領取薪水，存進銀行卡，這是大多數上班族的存錢方式，然而也是最笨的方法。存在銀行卡中的錢只會按照活期利率長利息，如果運用多種可使利率增加的存款方式，你的薪水怎會如此之少？認識銀行、了解銀行，利用銀行幫你理財吧！

1.了解銀行——儲蓄的必修功課

在人們的生活中，幾乎離不開儲蓄。不論是大筆的金錢滾入手中，或者是手中很少有錢時，人們都會想到儲蓄，透過儲蓄，能夠讓錢越來越多。那麼，你知道什麼是儲蓄嗎？你對它的了解又有多少？

儲蓄，就是人們將暫時不用或結餘的貨幣存入銀行或其他金融機構的一種存款活動。那麼，在銀行中，儲蓄的種類有哪些呢？

(1) 定期儲蓄。

意思就是說，儲戶將約定好的金額存進戶頭，並簽訂一定的年限，可以一次性全部存進，也可以分幾次存進。本金和利息也可以一次或多次進行支取。通常情況下，這種儲蓄方式的存期越長，利率也就越多。而定期儲蓄還可以分為以下三種：

A. 整存整付

這種方式非常好理解，就是將本金一次存進銀行（最低存取金額為新臺幣一萬元），然後在預定好的時間一次性將本息取出。在進行存錢的時候，銀行職員會給儲戶一張到期憑存單支取本息。

B. 零存整付

一般一百元起存，存款金額由儲戶自定固定的存款，每月存入一次，中途如有漏存，應在次月補存，到期支取時按實存金額和實際存期計算利息。這種方式對於每月有固定收入的人來說無疑是一種較好的累積財富的方法。

C. 存本取息

意思就是儲戶將錢全部存進銀行，按次數取出利息，到期後取出本金。這種儲蓄方式不支持提前取出本息，若是將本金取出，那麼，之前發給儲戶的利息要一併收回，再按照存款的多少來支付利息。這種儲蓄方式的起存金額較大，不適合存款較少的人。

(2) 活期儲蓄。

這種儲蓄方式在開戶的時候不會與儲戶約定期限，對存款金額也沒有要求，儲戶將錢存進銀行後，可以在任何時間存錢或者取錢。

2. 清清楚楚存錢——利息

如今，很多人忙於工作，對於存錢的問題不管不顧，事實上，有很多金錢都從不管不顧的態度中流失掉了。存進銀行的每一筆錢都有一定的利息，但是由於儲蓄種類的不同或者存款年限的不同，利息也會有所差異。

那麼，你知道你比較適合哪種存款方式嗎？而你選擇的存款方式又能給你帶來多少利息呢？想要清清楚楚地存錢，就應該先了解一下各種存款方式的利息計算方法。

(1) 計算利息的基本公式。

利息實際上是利潤的一部分，是利潤的特殊轉化形式。就是存款人在銀行存一定期限和一定金額的錢後，銀行會依照國家對利率的相關規定，付給存款人多餘本金的那部分資金。基本的計算公式為：

利息＝本金×年利率（百分比）×存期

(2) 計息的基本規定。

A. 計息起點規定

銀行在計算存款人的存款利息時，無論是哪一種儲蓄方式，都應該以「元」為基本單位進行計算，像角、分等一律不予以計算利息。

B. 儲蓄存期的規定

a. 在計算利息的時候，是不計算支取資金當日的利息的，利息是從存款那天開始計算，一直計算到提款的前一天。

b. 不管每個月的天數是多少，每一年的天數有多少，在計算利息的時候都按照每月三十天、每年三百六十天算。若是儲戶存款的到期日正趕上過節，或者銀行沒有營業，那麼，儲戶在前一天取出存款，利息會計算到到期日。

c. 從錢財在被存為定期存款的那一刻起，這些錢就會不斷地增加利息，如果這中間，利率出現了上下浮動，那麼，這筆定期存款的利率依然不變，與存款當日的利率相同。若是存款到期後，儲戶沒有到銀行將錢取出，那麼，這筆錢將會按照活期利率來計算利息。

C. 儲戶若是將錢財存為活期存款，在這中間，無論利率是上調還是下調，最後存款的利息都按照結息日當天的活期儲蓄利率來計算。

(3) 零存整付。

這種儲蓄方式所得利息的計算公式為：

利息＝月存金額×累計月積數×月利率

累計月積數的計算公式為：

累計月積數＝（存入次數＋1）÷2×存入次數

(4) 整存零付。

這種儲蓄方式計息的計算方法是：

每次支取本金＝本金÷約定支取次數

到期應付利息＝（全部本金＋每次支取金額）÷2×支取本金次數×每次支取間隔期×月利率

(5) 存本取息。

這種儲蓄方式所得的利息是提前算出來的，然後每次支付給儲戶金額，計算方法是：

每次支取利息數＝（本金×存期×利率）÷支取利息次數

3.一定要強迫自己儲蓄——理財

當今社會，各種奢侈的消費品出現在人們的眼前，而很多人在面對這些眼花撩亂的商品時，經常會抵抗不住誘惑，尤其是女性朋友，在面對漂亮的衣服和鞋子的時候，就會控制不住購物的欲望。等到年底清算開銷的時候，才發現自己的存款少之又少。

如果是因為這樣才存不了錢，那麼，就要強迫自己來儲蓄了。很多理財專家都認為，理財最大的敵人就是沒有盡頭的消費欲望。很多人都認為在活著的時候不花錢享受生活，等到自己生病了或者是死去了，就沒有機會再去享受美食、穿漂亮的衣服了。他們想像不到自己沒有錢的老年生活多麼淒涼，兒女的生活多麼艱辛，甚至都沒有足夠的錢為自己的父母治病。人活在世上不僅僅是來享受的，還要承擔很多責任。但是在實際生活中，很多人都沒有足夠的能力擔起這些責任。所以，應該強迫自己儲蓄，為自己累積更多的財富。

具體方法有以下幾種。

(1)　強迫自己存定期儲蓄。

將自己每個月所剩餘的錢存成定期存款，這樣就會因為捨不下高利息而不會在期限未到時將錢取出花掉。所以，想要存錢就不要把自己剩餘的錢存成活期的或者存在銀行卡中，留夠手中的生活費就可以了。

(2) 開設新的存款帳戶。

事先準備一個新的帳戶，在每個月發薪水的時候，根據自己的實際情況，從薪水中取出一部分錢存進這個新的帳戶中，隨著時間的推移，每個月增加一些新帳戶的存款金額。

(3) 每天存一點。

事先準備一個信封，將每天沒有花掉的錢放進這個信封中，比如一天放進五十元，甚至更多，這樣一個月下來，你的額外存款就有一千元以上，堅持幾年就會增加到十萬，這不是一筆小數目。

(4) 減少信用卡開銷。

在每個月的月底，查看一下你在該月用信用卡消費了多少，然後記住下個月要少用信用卡支付，沒有特殊情況，最好不要使用信用卡。雖然不會對你的生活造成太大的影響，但是這樣的消費是不健康的。

(5) 寫出你的目標。

人活在世上一天，就要想辦法賺錢、存錢，不僅僅是為了生存，更多的是為了實現心中的願望。你的目標是什麼?確定好自己的目標，就要為能達成目標而努力存錢。你可以將目標寫在紙上，然後貼在你經常要看的地方，比如電腦螢幕上、冰箱上等。當你每天看到這些提示的時候，就沒有心思想著怎樣花錢了，而是想方設法存錢，還能夠增加你工作的動力。

(6) 盡早還清欠銀行貸款。

若是你現在還有貸款，那麼就要想辦法趕快還清，否則還要還銀行額外的利息。

4. 信用卡也講究「瘦身」——帳戶管理

隨著社會的發展，各式各樣的信用卡弄得人們眼花撩亂，而它們所帶給人們的便捷和多種功能讓人們對其愛不釋手。不管是大學生，還是薪水一般的上班族，手中都持有五顏六色的信用卡，比如金卡、銀卡、聯名卡……

但是一個人擁有這麼多的信用卡有什麼用呢?信用卡可並不是越多越好，也許就在你渾然不知的情況下，你的錢正在逐漸減少，說得難聽些，這些信用卡就是「小偷」，它每個月會「偷」掉你一丁點錢，但是幾十年後，這一丁點錢累積到一起也是一筆不小的財富。那麼，為什麼說信用卡是「小偷」呢?因為每張信用卡也是要交年費的，一張卡的年費微不足道，但多張信用卡，你就算算你每年要平白無故地交給銀行多少錢吧!

若是有人對你的行為感到不解，問你辦這麼多張信用卡做什麼，你會理直氣壯並略帶驕傲地說：它們都有自己的用途啊!這張是用來日常消費用，這張用來扣繳住房貸款，這張用來代繳水電費……它們缺一不可。此外，有些人因為薪水被代發或者僅僅是為了提款便利，又或者是因為其他原因，還在銀行辦理了各種不同的簽帳金融卡或信用卡。從表象上來看，擁有這麼多的卡，的確是讓我們的生活更加便利了，但事實並非如此，這對於你的資金管理會有很不良的影響。

人生在世，沒有什麼是不可能發生在自己身上的，如果有一天你的錢包被偷走了，你會意識到所有的信用卡都在裡面，於是你不得不去銀行掛失，因為這些卡來自很多銀行，因此，你要一張張的去掛失，若是身分證也在遺失的錢包中，那麼你就要好幾天無法安穩地睡覺了。

既然有這麼多卡，就會損失很多錢，那麼，應該怎樣管理我們的信用卡呢？其實做法很簡單。如今，信用卡的綜合服務功能發展得越來越完善，只需在銀行辦理一張信用卡，然後將「一卡通」業務開通就搞定了。擁有這樣的一張卡，就可以滿足提款、繳費、轉帳、消費等多項需求了。所以，在辦理信用卡的時候，如果想要使用很多功能不同的信用卡，只要將你的需求告知銀行工作人員，他們就會指導你辦理一張擁有多項功能的信用卡。對於選擇哪家銀行，可以依照自己平時的使用體會來選擇。

當你在辦理信用卡時，選擇自己的代發薪資銀行，就能夠用代發薪資卡辦理自動還款業務了。日常生活消費的扣繳，可以讓辦理房貸的銀行處理，而那些不怎麼使用的信用卡，若是掛在了存摺帳下，可以去銀行將信用卡的服務功能全部取消。對於完全不使用的信用卡，可以去銀行進行銷戶。

只要對信用卡進行一次「瘦身」行動，只留兩三張對自己有實用功能的信用卡，就不會被扣除很多年費了，在遺失信用卡的時候也不用特地去辦理掛失了。

5.最大限度「榨取」銀行利息——階梯式儲蓄

在日常生活中，有些人在進行儲蓄的時候會猶豫這樣的問題，若是把自己所有的積蓄都長期存放在一張存單中，那麼，當銀行的利率上漲後，就不能獲得高利息了。但如果將自己的積蓄短期存進存單，那麼利息就不會很高。怎麼樣才能把這個問題解決掉呢？若是自己擁有一筆不小的剩餘財產，而又想獲得較高的利息，那麼應該使用階梯式儲蓄。

什麼是階梯式儲蓄呢？這並不難理解，儲蓄可以將自己的全部資金劃分成很多份，然後將他們分別存進不同的帳戶中，或者將所有的資金存放在同一個帳戶，然後再分別設定不同的存期，存期應該一個比一個長。比如你擁有五十萬元的資金，可以將這些資金分成五份，然後存期分別設為一年、兩年……逐年遞增。一年的期限到後，十萬元和利息就可以取出，然後再存成五年期限的，依次類推，最後這些存單的存期都是五年。階梯式儲蓄能夠平衡年度儲蓄到期額，不錯過高額的利息。這種儲蓄方式適合中長期投資，對於想要準備教育基金和養老基金的人來說，是非常適宜的。

理財專家認為，並不是一定要擁有很多資金才能夠使用這種儲蓄方式，對於資金較少的人來說，也是非常受用的。那麼，資金很少的時候，應該怎樣使用階梯式儲蓄呢？

每一個季度，將每個月收入的十分之一，或者依照自己的情況存入一個季度的定期存款，這樣從第四個月開始，每個月都會得到一個到期的帳戶。若是你在第四個月的時候沒有取出到期存款，那麼，銀行就會自動將這個帳戶存為六個月定期，或者存為一年、兩年，甚至更長時間。在第四到六個月，可以每個月存進月收入的十分之一作為六個月的定存。

進行階梯式儲蓄，可以每個月獲得一筆到期資金，使自由支配的資金逐漸增加，若是不取出資金，還能獲得更高的利率。此外，當全部的資金達到六個月的生活費要求後，就可以算是第一個階段，能夠滿足日常的經濟支出。在使用這種儲蓄方式時，應該根據自己的情況對每月存進的金額以及期限進行調整，這比零存整付要有優勢。

6.「閒錢」不能「閒」——讓每一筆閒錢都生息的儲蓄方法

對於剛步入職場的年輕人來說，也許暫時還沒有「閒錢」，但是在職場上已經打拚了一年或者一年以上的人一定有不少「閒錢」。通常他們會透過去高級餐廳吃飯、旅遊等方式將這些「閒錢」揮霍掉，殊不知這些所謂的「閒錢」也是可以「生」錢的。

平時比較關注理財的人，對於十二存單儲蓄方法肯定不陌生。這種儲蓄方法也叫月月存款法或者定期循環儲蓄法。使用這樣的儲蓄方法，能夠使一般家庭的資金逐漸累積起來，還能夠很好地發揮儲蓄的靈活性。

這種儲蓄方法在進行操作的時候非常簡單，可以每個月將定期存進銀行的期限定為一年，每個月堅持做下去，等到一年以後，能夠收到十二張定期存款單。而從第二個月開始，月月都會有一張存款單到期，若是急於使用，就可以直接使用，對於存款利息沒有影響，若是不急於使用，那麼就將每個月想要存進的金額存入當月到期的存單中。

透過使用這種存款方式，讓每個月存進的錢都「生」錢。若是每個月有五千元的「閒錢」，用這種儲蓄方法每個月存進五千元，一年下來的利息就有兩千元。如果只是使用活期進行存款，那麼利息只有不到五百元，可見，這種方法有多妙。而且對於沒有時間理財的上班族來說，更是便利，只要每個月存進一些就可以了。但是，在進行存款時需要注意一點，若是利率降低，存款期就應該延長，若是利率上升，那麼，存款期就應該適當縮短。

7. 警惕刷卡危機

在當今社會，不管你是沒有經濟來源的大學生，還是剛剛踏入職場的上班族，只要透過一定的流程，就能夠在銀行辦理一張以上的信用卡。但是在這種情況下，要警惕成為「卡奴」。

如今，信用系統已經越來越完善，再加上人們消費觀念的變化，信用卡得到了越來越多人的青睞。信用卡能夠帶給我們的益處，相信很多人都明白，刷卡可以避免錢財丟失，還讓付款環節變得更加便利。但是很多人在擁有這樣的一張卡後，就會喜歡上刷卡的感覺，刷來刷去，就會刷過頭，甚至還要每個月還債，成為「卡奴」。所以，在刷卡的時候應該掌握一些技巧，可以多省一些錢。那麼，具體應該怎樣做呢？

(1) 巧刷贏機會。

有不少銀行對信用卡都有這樣的相關規定，如果一年之中所刷卡的次數達到了銀行的要求，那麼，下半年銀行卡的年費就可以取消，或者人們還可以透過刷卡來參加抽獎活動，這都在一定程度上增加了利益。

(2) 利用免息稅。

想要在使用信用卡的時候節省錢，就要正確利用免息稅。對於信用卡的二十到五十天的免息期很多人都不是很懂，只明白在接到帳單的時候或者次日進行刷卡，接到帳單後的二十天後還款。事實上，如果能夠把銀行的帳單日和還款日弄懂，並算好在何時還款，就能夠將免稅期很好地利用起來。

(3) 選擇全額還款。

很多人手中錢不多的時候，會選擇分期付款。但是這樣一來，就沒有所謂的免息期了，還款人除了要還清自己使用的錢外，還要額外付清貸款利息。因此，如果條件允許，還是一次付清最好。

(4) 在信用卡活動期間分期付款購物。

當購物中心中出現這種活動的時候，通常都會有所折扣，透過分期付款，可以讓我們在沒有足夠的錢購買這種商品的時候提前獲得想要的產品。

(5) 在一次消費中多次刷卡。

在收銀台刷卡的時候，可以讓收銀員將一次消費的金額分成多次收取，這樣就可以一次性滿足銀行的刷卡免年費的要求了。當然，也可以讓親人用你的卡去刷錢。這樣一來，就不會因為忘記刷卡次數而出現扣年費的現象了。

(6) 不要在信用卡中存錢。

用信用卡刷卡消費最大的優點就是可以透支，提前購買到自己想要的商品，但是如果把錢存進信用卡中，在取出的時候是要上交一定的手續費的，這樣就不能讓信用卡發揮它的優勢了。所以，最好不要把錢存進信用卡中。

(7) 利用信用卡中的錢來投資。

理財專家這樣看，如果只是將信用卡當成借貸卡或者消費卡，就太可惜了。信用卡有一定時間的免息期，可以利用這段期限讓信用卡賺錢。比如將這些錢取出來，買些基金，但是一定要在規定的時間內歸還現金。

(8) 拒絕透支取現。

在一般情況下，不要透支取現，除非在很短的時間內需要大量的錢。因為在透支取現後，要付給銀行大量的手續費和利息。通常情況下，銀行所收取的手續費為百分之三。所以，最好不要用信用卡透支取現。

信用卡為我們的生活提供了便利之道，但是一旦透支，就會為生活增加壓力。此外，還應該小心手續費的陷阱，有不少銀行都推出了「免息分期付款」業務，雖然免息，但還存在手續費，不要忽視這一點。

8.因勢「利」導，成長利息巧存錢

有些人覺得把錢存進銀行是非常簡單的一件事，認為不是定期，就是活期，沒有什麼策略可講。而這也是大部分人的想法，他們根本不懂得怎樣管理自己的錢，只知道手中的錢達到一定的數值之後就存進銀行。事實上，如果能夠有一款適合自己的存款策略，那麼經過一段時間後就能夠得到更多的利息。下面介紹幾款讓利息增多的存錢方式。

(1) 約定轉存利息高。

現在，銀行開辦了一種「約定轉存」的業務，只要在存款前和銀行約定好將多餘的錢自動轉存為定期存款就可以了。也就是說，把錢存進銀行中，有一部分錢會在儲戶之前約定好的金額自動變成定期的。這樣的儲存方法操作起來非常簡單，而且還能夠使利息增加。

(2) 利滾利儲蓄法。

如果你現在的保險櫃中有一大筆用不到的資金，可以將這些資金存進銀行，選擇存本取息的儲蓄方式。這樣一來，每個月都能夠拿到一些利息。然後將這些利息按月再存進銀行，選擇零存整付的儲蓄方式。這樣，每個月就能夠從銀行拿走兩次利息。

雖然這種儲蓄方法的益處很多，但是它也是有缺點的，在網路還不是很發達的時候，銀行一直都是用人工操作，進行起來很便利，但是如今銀行中的大部分操作都需要依靠電腦，如果系統不支援這種儲蓄方法，那麼在操作的時候就麻煩了。

(3) 交替儲蓄法。

如果你現在有一筆錢，而且肯定在一年之中不會有用處，可以選擇使用交替儲蓄法。比如現在有一百萬元的現金，想要把這些錢存起來，可以先把這筆錢一分為二，每份五十萬元，隨後將他們分別存為半年和一年的定期存款。六個月後，再將已經到期的那筆錢改存成一年的定期存款，並把之前設置的一年期的存單換成自動轉存，這樣一直交替進行。

這種儲蓄方法的週期為六個月，每六個月你都會收到一份一年期的存單，若是急於用錢，可以將存款期較短的存款取出。

(4) 分份儲蓄法。

這種儲蓄方法是針對在短期內可能會出現用錢情況的，但不知道用錢時間和金額的家庭。

假如現在擁有十五萬元的現金，可以將這筆錢分成金額不等的幾份，比如分成一萬五千元、三萬元、四萬五千元、六萬元，並分別存一年的定期存款。在一年之中，如果出現了急於用錢的情況，就可以到銀行直接將與所需金額相近的存款取出，這樣就避免了大量利息的損失。

(5) 接力儲蓄法。

這種儲蓄方法和第三個儲蓄方法有些類似，但是操作起來更加靈活，屬於定期儲蓄。

假如，你想每個月存進銀行兩萬元為活期存款，那麼可以選擇將這筆錢存為四個月的定期。此後，每個月將兩萬元存為四個月的定期存款。等到第五個月的時候，就可以得到第一筆存進去的資金了。如果每個月都這樣存，就能支取一筆定期存款。這種儲蓄方式不僅可以維持正常的生活水準，還能夠使利息得到一定程度的增加。

所以，在想存錢的時候，千萬不要以為只有簡單、死板的定活期存款方式。能夠讓利息更大的儲蓄方式有很多，現在就根據自身的狀況來選擇一款適合自己的儲蓄方式吧！

第六章　當「房奴」還是當「房主」

——管好你最大的家當

當前房價只增不降，很多人雖然收入不高，但有一些人也勉強買了房，每月賺的錢大部分都花在了房屋還貸上，而成為所謂的「房奴」，房奴時代也隨之產生。此時，購買一套投資價值高的房子，便可利用其獲得頗高的利潤。房奴時代，想要生存，不僅要關注升值，寸土必爭，還要尋找房子的投資價值在哪里。

1. 怎樣快速評估房地產投資

從二〇〇七年開始，房價一直攀升，這給了人們新的投資方向。對於富有的人來說，他們會購買很多房產，透過房產升值來獲得收益。而對於沒有多少積蓄的人來說，他們也會選擇購房，就算貸款，最後房子也會升值，給他們帶來收益。但是不管選擇怎樣的方式來購房，都應該首先評估一下這款房產是否有投資價值。

一般情況下，可以透過以下八個方面對房地產做出快速的評估。

(1) 地段。

在投資房地產的時候，通常人們會先想到地段，因為地段的選擇會關係到日後諸多問題。那麼，在選擇地段的時候，應該考慮哪些因素呢？最先考慮的因素應該是能夠滿足自己的需求，比如交通要便利，靠近購物中心、學校、醫院，周圍有銀行等，如果一套房子所處的位置能夠滿足以上幾點，那麼它一定是適合投資的，不僅價值高，出售也是很容易的。

(2) 面積。

對於事業剛起步的年輕人來說，通常會選擇小面積的房子。對於家底雄厚的人來說，他們在購房的時候會考慮更多的問題，以彌補自己以前房子的不足之處。要根據自身的經濟實力來考慮房屋面積。

(3) 園林景觀。

園林景觀不僅是社區內部的人造景觀，還包括社區四周的自然景觀。這兩方面都要考察清楚，社區內部的環境再好，只要四周的環境遭受到了一點汙染，就會影響社區內部環境的品質。對於社區內部的環境，最好是自然的，少些人造的痕跡，比如植樹、種草、栽花，樹對空氣的淨化作用比較好，則不需要太多的水。

(4) 樓間距。

樓間距的設計要能夠滿足每棟房都有充足的陽光射入。在選擇房屋的時候，應該實地考察，看看房屋的通風、採光效果是不是很好。

(5) 戶型設計。

在戶型設計方面，沒有一個統一的標準，所以在選擇房屋的時候，應該考慮房屋中每個房間的功能劃分是否明確，比如動與靜要隔開，也就是臥室與其他房間的劃分要清楚隔開等等。

(6) 使用率。

對於這一點，可以透過一個公式計算得出，公式為：

使用率＝室內建築面積÷房屋的建築面積

高層建築的使用率應該在七成以上。但是需注意一點，所處的樓層不同，使用率也會出現變化。

(7) 房屋面積的劃分標準。

對於房屋面積的劃分也沒有一個明確的標準，如果房屋是大戶型的，兩居室的房屋面積在三十六坪上下，三居室的房屋面積在五十一坪左右；對於中戶型的房屋來說，兩居室的房屋面積在三十坪左右，三居室的房屋面積在三十九坪左右。對於小戶型來說，這種劃分是相當混亂的，通常來說，小戶型的一居室面積應該在十三坪以上，目前市面上也有三四坪的房屋，但是只能放一張床，人們在房子中只能睡覺，不能進行其他的活動。

(8) 樓高。

目前，在市面出現的最矮樓高在二點七公尺，淨高在二點五公尺以上，有些房屋的淨高就能夠達到這一標準，或者是更高。

2. 關注升值——房產投資的著眼點

如今，投資房產的隊伍越來越壯大，因為房產具有保值和升值的特點。人們認為購買一處房產，房子的增值速度比利率高多了，所以投資房產是萬無一失的。但是在投資的過程中會遇見很多問題，比如房產種類、房產位置、貸款、稅收、房屋維修等，這些都會影響到房產的價值。

那麼，在投資房產的時候應該注意什麼問題呢？具體的著眼點在哪里？

(1) 預估一下自己的經濟能力。

能夠對自己的現有財產進行準確的估計尤為重要，因為這決定著你投資房產的時機。估算一下自己的資金有多少，能夠抵押的物品價值有多少，還要把眼光放長遠一些。除此之外，應該能夠想到今後會發生增加開銷的狀況，比如家中有重大事情需要用錢。

(2) 確定投資策略。

有些房子不容易租賃出去，但是升值空間是非常大的，而有些房子很容易租賃出去，但是卻沒有什麼升值空間。所以，當你想要投資房產的時候，應該仔細考慮一下未來的投資策略。

(3) 投資時要依據投資前景。

在購買房子之前，要弄清自己的購房目的，如果只是自己居住，那麼在購房的時候就應該根據自己的喜好來選擇，以舒適為目的；如果是用來投資，那麼在購房的時候就應該將自己的個人喜好拋之腦後，從商業的角度來考慮，透過對投資前景的分析來購買。這是因為房產用於投資是為了讓房子升值，從而獲得利潤。

在弄清房產的投資前景後，就可以選擇具有升值潛力的房產了。想要做到這一點，你應對自己將要投資的房產有一個充分的了解，然後透過分析，預計房產在幾年或者十幾年後會為自己帶來多少收益。在估計的時候可以透過調查該處房產歷年的買賣價格和出租價格，以及研究一下將來房產的出租價值。

確定好了房產的投資前景，在要購買的時候還應該認真查看房屋權狀。此外，在查看房屋權狀的時候應該提出查看正本，因為影本是非常容易造假的。

3. 寸土必爭——在房產市場如何「殺價」

在房價只增不減的情形下，每當一處新盤開放，購房的人就會將目光投過去，看看是否能購買到價格便宜的房子。當房子的價格便宜時，不管戶型是不是合適，排隊買房的人就會蜂擁而至。不難發現，在買房中，大部分消費者所考慮的問題就是價格。那麼，購房者怎樣才能用最優惠的價格購買到最心儀的房子呢？

通常可以使用特定的付款方式、收集資訊、利用人脈這三種方法使房子的價格降到最低。

（1）採用特定的付款方式。

A. 團購

團購是近幾年才出現的一種購物方式，採用這種方式購買商品都會得到一定的優惠，而團購房屋的方式有很多種，比如朋友、同事發起的團購等。但是在進行房屋團購時應該注意不要掉進開發商的圈套中，為了防止開發商先提價後打折的情況，應該事先了解房子的市場價。

B. 提前登記有優惠

通常情況下，一個房地產的銷售週期不低於兩年，價格會隨著時間的成長而呈現增加的趨勢。為了能夠使開盤回籠資金，開發商通常會給第一撥購房者一定的優惠。一般來說，凡是第一波買房者所購買的房子價格都是最低的。

對於分期銷售的房地產，開發商在每期開始前也準備了一些促銷的手段。而買房者在這時就應該提前選中樓房，事先了解房子的定價和優惠手段，防患於未然。因為在售房前期開發商不清楚房子的銷售情況，所以為了吸引顧客，他們通常會給予消費者一些優惠，比如購房前五十名有怎樣的優惠、購買哪一層樓房有哪些優惠等。購房者在預定後，可以提前知道樓房的價格和優惠價格。

(2) 收集大量的資訊。

A. 選擇 CP 值較高的房屋

當購房者還沒有確定購買哪個房地產時，應該對不同地段、戶型等的房子進行比較，此外，還應該考慮價格的因素。有不少人都是首次購房，對市場上房子的價格沒有了解，所以應該在買房前實施撒網的方法。對每個戶型的房地產都進行比較，評判每個房地產的優點和劣勢，然後將心儀的房地產選出來，最後再透過房地產的價格和優惠，考慮應該選擇哪個房地產。

B. 了解拍賣房產的資訊

透過了解拍賣房產的資訊，也能夠讓我們購買到價格優惠的房子。目前，在市場上出現的拍賣房產有很多，經過拍賣的房產的價格通常都接近市場價，甚至比市場價還要低很多。所以，這一購房途徑也可以考慮。

不僅如此，在購買拍賣房產的時候也可以採用借貸貸款購買的方式，只要購房者具備借貸條件，就可以借貸購買拍賣所得的房產。

C. 收集優惠活動的資訊

對於現代人來說，幾乎很少有時間親自去看很多房地產。所以，各類開發商或者媒體組織的活動就是很好的了解房地產資訊的途徑。透過參加這樣的活動，購房者不僅可以節省出很多不必要的時間，還可以和眾多購房者進行交流，得到大量的優惠購房消息。

(3) 利用人脈得到房產優惠。

A. 尋找人脈關係

在進行消費的時候，如果有能利用上的人脈，那麼商品的價格就會降低。買房的時候，如果能夠找到人脈，自然也很好。

通常銷售經理在購房時能夠得到折扣，而他的上級手中會有更多的折扣。購房者在購房時，如果能夠透過關係，找到銷售人員的上級，就能從中得到一定的優惠。

此外，開發商對於再次購房者有一定的優惠政策，如果在自己的親朋好友中能找到老客戶的關係，自己也可以得到一定的優惠。

B. 保持聯絡發現特價房源

在購房之前不僅要透過比較，挑選出備選房地產，還應該經常和目標房地產的銷售人員保持聯絡，時刻從他那裡得到房價資訊，特別是當房地產有優惠政策的時候可以避免購房者錯過最佳時期。

C. 求救專家避免莽撞

有些購房者想要買房的想法非常急切，但是因為經驗尚淺，在得到一處房地產優惠消息的時候，就會壓抑不住心中的衝動，再加上銷售人員的鼓動，就更難以安定下來了，但是在這種情況下買房是很容易出現後悔的狀況的。

所以，在每次看房或者得到優惠消息後，應該和有一定經驗的購房者進行交流，聽聽他們的分析，然後再考慮自己要不要購買這處房產。在買房的時候，很多人都怕「過了這個村，就沒這個店」的情況。這最容易使消費者一時衝動，但事實上，購房人才是市場的主導，購房者毋須擔心現在不買房今後就買不到了。

4. 不同人的不同購房方式——付款

人們在選好適合自己的房屋後，就會付款，但是在付款的時候只有一下子全部付清的方式嗎？不是的。有很多人手頭上沒有足夠的資金，在購買房子的時候，有很多付款的方式，尋找一種適合自己的付款方式，能夠為你的生活帶來很大的方便。比較常用的方式有以下幾種。

(1) 一次性付清。

一次性付清是最原始的付款方式，如今在市場上多用於價格比較低的小面積住房。透過這種方式的付款能得到一定的優惠，如果所購房屋是現房，那麼就能夠在最短的時間內得到房子的財產權；如果所購房屋是期房，那麼一次性付清所花費的數額是最低的。但是這樣的付款方式對於儲蓄不多的人來說，壓力非常大。若是所購房屋是期房，商家很可能會拖延交房的時間，使利息遭到損失。

(2) 分期付款。

分期付款是指賣方向買方提供的一種付款方式，也可以說是貸款方式。具體而言是指買方在只支付一小部分錢款後就可以獲得所需的商品或勞務。對於購買房屋來說就是買房人先預付一定比例的錢款就可以取得房屋使用權，剩餘的錢款在規定的期限內還清即可，但因為之後的分期付款中有利息產生，所以分期付款總共支付的錢款要比一次性付款支付的多。

(3) 借貸付款。

這種付款方式其實就是抵押貸款，買房人在借貸期間得不到所購房屋的財產權，房款先由銀行付給商家，此後買房人將錢按照規定的時間定期交給銀行，當然還要交一些稅，因為這種付款方式使人們提前享受到了住房，所以這是促進房地產銷售的一個最好的方式。但是使用這種付款方式需要辦理很多手續，條件也比較多。

5. 家庭裝修必懂的理財學

一旦買了房子，裝修就是緊隨其後的事情。家庭裝修的好與壞不僅能夠讓房屋的主人有面子，還能調節人們的心情。所以，裝修與買房子同樣重要。但是很多人一想到裝修就眉頭緊鎖，因為自己的多年積蓄差不多用來買房了，哪還有錢把房屋裝修得好一些呢？

通常當裝修公司將裝修價格清單放在消費者的手中時，消費者往往覺得單項價格還能夠接受，但是在工程結束後結帳時，就會感覺總價太高了。所以，在裝修的時候應該充分了解並運用一些技巧，不僅不會使裝修狀況受到影響，還可以從裝修中省下一筆錢來。

(1) 設計要精且簡。

設計的精而簡並不是在設計上「點到為止」。在裝修過程中，要充分利用好設計師，該花錢的地方就花錢，不該花錢的地方就不要花。房屋中使用大量的裝飾材料或是設計得太複雜，不僅不會給人清新的感覺，還會讓人感覺非常俗氣，而且錢也不少花。因此，想要讓自己的裝修費用降下來，就應該先處理好設計這關，去除多餘的設計內容。

(2) 房屋的牆、頂、地要有所區別。

通常情況下，房屋的總高都不會很高，如果在裝修的時候，房頂設計得太複雜，就會給人很壓抑的感覺。所以，在裝修房頂的時候，應該以簡單為宗旨。這樣一來，裝修費用也節省了不少。

對於牆面，在裝修的時候沒有必要做太多的處理，因為牆面一般都被家具擋住了，所以牆面的設計對家庭的整體視覺效果不是很明顯。因此，在裝修的時候就可以簡單一些，從而將節省出來的錢用於其他地方的裝修上。

地面裝修是應該受到重視的。無論什麼時候，地面都是經常被踩壓的，所以裝修地面的材料一定要有很高的品質，家庭中的每一個角落的地板都不能偷工減料。此外，地面使用了什麼顏色的材料，直接決定了房屋家居、牆面的顏色和整體風格，因此，地面材料的選擇不僅要考慮品質，還要考慮顏色。

(3) 牆內不省，牆外省。

房屋在裝修的時候，電線、水管都要被埋進牆中，一旦電線斷裂或者水管破口，就要把牆內的電線或者是水管全部挖出來，檢查哪裡出現了問題，不僅麻煩，還費錢，所以這些東西都要選擇品質好的。對於牆面上的裝飾品、窗簾等就應該選擇價格低廉一些的，一方面在裝修的時候能夠方便裝卸，另一方面壞了或者該淘汰了也不會感覺可惜。

(4) 開關、插座不可省。

在很多人看來，插座需要使用很長時間，所以非常重視插座的品質，其實，插座雖然會用很長時間，但是使用的頻率並沒有開關高。所以在裝修的時候應該格外重視一下開關。當然，也不可輕視插座。此外，插座安裝的位置一般都不明顯，而開關一般都在明顯的地方擺放著，從裝飾的角度來看，開關也應該購買品質較好的。

(5) 自己購買主要材料。

在裝修的費用中，其中有一半都是用來購買材料，所以想要將裝修開銷降下來，只能從購買材料上來考慮了。裝修材料可以分為兩大類，一個是主材，另一個就是輔材。主材的費用是最高的，地板、牆地磚、門、衛浴設備等都屬於主材；而輔材在裝修中起到的就是輔助作用，油漆、水泥、沙子等都屬於輔材。我們在請裝修公司裝修前應該先和裝修公司商定好，自己購買主材，這樣購買什麼樣價格、品質的材料是由自己決定的，這在一定程度上也可以省下不少錢。

此外，在自己選購材料的時候，除了要經過仔細調查外，還應該聽取設計師和材料商的建議，然後再將自己的支出計畫調整均衡。

6. 提前還房貸，怎樣進行

如今，房價飛漲，物價也在飛速成長，所以有不少人在購買房子選擇貸款的時候，都沒有十足的把握能夠在很短的時間內還清貸款。於是，就想讓還貸的時間長一些。那麼，還貸的時間長一些好還是不好呢？

我們可以先將貸款設定為一百五十萬元，還款的時間為二十年，用等額本息的還款方式進行計算，二十年所要還給銀行的利息大約有二十四萬元；如果將還款的期限設定為十五年，還是以同樣的方式來計算，利息大約為八十五萬元。所以，如果沒有特殊情況的話，還是盡量縮短還貸的時間為好，這樣就可以少交一部分利息。

那麼，提前還款的方式都有哪些呢？

(1) 一次性還清。

這種還貸方式就是將借款人的本金和利息全部清算清楚，這對於收入較高的人來說，是沒有問題的，但是對於普通上班族，一次性還清貸款是有一定難度的。

(2) 月供不變壓縮期限。

在償還了一部分貸款之後，可以選擇月供不變，縮短貸款期限的方式。這樣的還貸方式能夠將償還給銀行的利息減少一點。

(3) 減少月供，保持還款期限。

在償還了一部分貸款之後，除了縮短月供期限之外，還可以減少月供，這樣的還貸方式不僅在一定程度上減小了還貸的利息，還能夠讓自己在還貸的重壓下得到緩解。

(4) 同時減少月供、還款期限。

若是事先償還了一部分貸款，再加上自己有一定的經濟實力，就可以選擇同時縮短月供和還款期限，這樣同樣可以減小還貸的利息。

(5) 增加月供，縮短期限。

若是事先償還了一部分貸款，月薪又得到了一定的成長，那麼就可以增加月供的金額，縮短還貸期限，這樣一來貸款的利息就減少了。

選擇提前將貸款還清，主要的目的就是為了減少利息。特別是在剛開始貸款的那段時間，因為本金比較高，利息也是一筆不小的數目。因此，在剛開始還貸的時候，能多還一些就多還，這樣一來，剩餘的貸款就會少一些，從而利息也會相應地降低。若是貸款人的手中有些閒錢，那麼可以提前來還貸。最終使用哪種方法還貸，就要根據各人的基本情況來進行選擇了。

提前還貸可以減少利息，但是要按照程序來辦事。第一，要到銀行去簽訂一個協議，簽訂的目的就是為了改動借款額或者借款期限。第二，將提前還貸手續辦全，但是應該事先到銀行去申請，得到銀行的答覆後，才能夠辦理手續。一般情況下，貸款人會在三十天內收到銀行關於申請的答覆。因此，貸款人如果想要盡早還清貸款，應該事先提交申請，避免耽誤時機。

此外，投保的購房者想要提前還貸能退保。一旦貸款人提前還清了貸款，銀行就會開出證明，貸款人拿著這個證明就可以去房產相關部門辦理撤銷抵押登記手續了。另外，當貸款預先被澈底還清後，貸款者住房貸款的住房保險也會預先失去效用。此時，貸款人就可以準備好相關證明，去保險公司收回還沒有到期的保險費。但是退保的前提是貸款者一次全部償還所有貸款。

7. 二手房買賣，怎樣才能不吃虧

對於剛步入職場的年輕人來說，手中沒有太多的積蓄，但是又要急於結婚不得不買房，然而如今的房價只增不減，這無疑讓這些年輕人望而卻步？事實上，購買二手房也是一個不錯的選擇。但是在選購的時候，需要提高警惕，千萬不要使自己的利益受到損失。想要做到這一點，就需要注意以下問題。

(1) 知曉二手房的財產權歸屬。

在和二手房房主交易的時候，一定不可忽視房屋權狀。因為房子的價值是非常高的，在房屋方面，法律所保護的對象是有合法財產權的。所以，在進行二手房交易的時候，要先知曉房屋財產權的歸屬問題，對於財產權不明確的，或是沒有財產權的房屋，即使價格再便宜也不能購買，避免今後沒有房屋權狀，導致很多麻煩緊隨其後。此外，還應該注意房屋權狀上的房主姓名和你交易的房主的姓名是否一致。驗證房屋權狀的時候應該到相關部門進行核實。

(2) 對房屋結構瞭若指掌。

有不少二手房的房屋結構很繁雜，有部分還經過了不低於三次的改造，房屋原本的結構破壞的比較嚴重。所以，在進行二手房交易的時候，應該對房屋有一個充分的了解。比如房屋的建成時間、房屋的布局如何、房屋的結構有沒有被破壞，存不存在安全隱患，房屋的使用面積與財產權證上的資訊是否相同等。

另外，還應該去房屋的現場看一看，了解一下房屋在設施上、戶型上有沒有不宜居住的缺點。若是房屋的情況非常糟糕，就不要購買了，避免在收房時還要自己裝修房屋，耗損大量的財力。

(3) 了解二手房周邊的環境和配套設施。

人們在購買房子的時候往往更看重房屋周圍是否有配套設施，所以新建的房屋通常都會考慮到這一點，而對於老房屋來說，周邊的設施和環境都已成定局，想要改變是非常困難的。所以，在進行二手房交易的時候，應該看清房屋的四周有沒有空氣汙染、水源汙染、噪音汙染等問題。

此外，還要對房屋的配套設施進行考察，比如水質、冷氣供應、電梯的品質等。如果有可能，可以找到周邊的老住戶聊一聊，對房屋的配套設施有一個更全面的了解。

(4) 了解二手房的物業狀況。

物業狀況是否得當，直接影響到今後居住的生活品質，這也是為什麼人們在購房時越來越重視物業的原因。如果物業管理比較有條理，那麼在生活中遇到問題的時候就能夠得到很快的解決，節省時間，為居民帶來便利。在考察物業水準的時候，應該注重社區的衛生狀況、管理人員是否專業、保安的整體水準、社區內的公共設施狀況等方面。

(5) 選擇一家安全的仲介公司。

進行二手房交易比直接購買新房要複雜很多，所以房主和購房人應該選擇一家仲介辦理手續。但是目前市面上的仲介公司的業務水準參差不齊，因此，如何選擇一家可靠的仲介公司是很重要的問題。

在選擇的時候，應該首先考慮已經得到政府相關部門批准的，然後再去仲介公司考察一番，了解工作人員的水準、公司的設施、客流量等問題。還應該詢問一下該公司的業務有哪些，分別是怎樣收費的。

(6) 二手房買賣最好在交易場所進行。

在進行二手房交易的時候，應該親自到交易場所進行。有不少人在買房的時候考慮的問題非常少，而且很容易相信別人，把辦理手續的問題全部託給了二手房的房主，這樣的結果很可能是買房人拿到了假的房屋權狀，情況好一些的，買房人會在轉讓房產的時候發現受騙，情況糟糕一些的，會在交易房產後，不斷出現房產糾紛問題，導致了很多不必要的麻煩出現。所以，在交易二手房的時候，買賣雙方都應該親自到政府指定的交易場所進行交易，這樣才不會讓今後的生活「亂了分寸」。

8.「房奴」和「房主」之間的角色轉換——以房養房

現如今，有很多購買了房子的人，很多都面臨著每個月還貸的壓力。特別是對於一些薪水並不算很高的房奴來說，每個月還貸的壓力是非常大的。所以，很多人出於理財的考慮，出現了所謂的「一半出租，一半自住」的房東。

簡單地說，假如你是一家兩房一廳房子的主人，你把一間臥室留給自己住，另外一間臥室出租，每月收取租金。

試想，如果一個人月收入在三萬元左右，他每月還要負擔借貸還貸，甚至還要應付日常的生活開銷，那麼肯定是比較吃力。因此，可以將另一半房屋出租，從而以房養房，這樣也就可以減輕還貸的壓力了。還有一些人，他們在已經擁有了一套住房的情況下，又購買了一套新的房屋，於是他們為了還貸，就選擇把之前的舊房子出租，這其實也是一種以房養房的方式。

現如今，這種「以房養房」的房地產理財方式已經很普遍了。也正是這樣的做法，讓很多人實現了「房奴」和「房主」之間的角色轉換。

但是，以房養房絕對不是一件簡單的事情，這往往需要房東具有長遠的理財眼光，還需要有充分預計風險的能力，要把「以房養房」過程當中的每一筆費用都計算清楚，只有這樣才能夠做到穩中求勝。

那麼，以房養房是否划算呢？總體而言，要把握好原則，算這樣一筆帳，如果出租房產年收益率高於銀行的借貸貸款利率的話，那麼就應該出租，反之則建議出售。

舉例來說，假如現在你有一套建築面積十八坪左右的老式住宅，假如當下的市值估價在三百六十萬元左右，如果你以每個月租金一萬兩千元左右的價格出租，那麼相當於你一年的租金收益為十四萬元左右。由此可以得出結論，出租之後所得到的，想要比銀行貸款利率高是不太可能的。

除此之外，租金收益同時會受到市場供求關係，以及定價因素的影響，而對於新購買的房子，每個月的銀行貸款都是固定的，這樣算下來，「以房養房」還不如「賣房款存銀行」。

當然還有另一種情況，那就是這幾年，房價一直都在持續地攀升。儘管現如今誰也不能對未來的房價有一個定論，但是要考慮到房價強烈的上漲趨勢，如果計算上房價未來的上升空間，那麼「以房養房」則顯得非常划算了。

雖然以房養房從表面上看是比較划算的，但是如果你真選擇以房養房，那麼在租房過程中，也需要考慮以下的一些風險。

(1) 想要以房養房，不僅要每個月繳納給銀行一定的貸款本息，還要承擔出租收入波動、物業貶值等使你的收益降低的風險因素。原因是儘管房屋作為不動產，它的價值波動要遠遠比股市小很多，但是在一些特定情況，它的波動幅度同樣也是非常大的。

(2) 租房就意味著面臨供求關係發生變化，而這同樣也是具有一定風險的。房產的供給量與客戶的有效購買量一直都是呈現一種動態變化的關係。在供應量超過購買量的時候，房價就會出現下跌。

除了上述這些風險之外，以房養房還面臨著銀行加息等風險。所以，想要保證以房養房的理財方式順利進行，最好能夠達到租金收入與家庭其他收入（包括收入、存款利息等）之和大於所還貸款與家庭正常開銷之和。

在家庭收入和正常開銷相對比較穩定的狀況下，租賃出去的房屋收入越高，那麼相對而言，所還貸款就會越低，家庭財務安全係數也就越大。

這一原則，對於以房養房的人來說非常重要。

9. 當好房東，邁向「錢」途大道

很多人在購買了一處房產後，都不急於住進去，而是將它租賃出去，這樣不僅能夠獲得房租，還暫時緩解了自己購房後的經濟壓力。但是想要當好房東，使自己的利益最大化並不是一件非常容易的事情，除了要注意將房租設置在比較合理的範圍內，還要注意以下幾方面的問題。

(1) 清楚承租人租用房屋的用途。

有些人在外面租房子並不是用來居住的，而是用來做一些違法的事情，比如吸毒、老鼠會等，針對以這種目的來租房的人，無論租金有多高，都應該拒絕租賃。有些人認為房子租出去就沒事了，房客做什麼是不會損害到自己的利益的。事實真的如此嗎？一個品性有問題的房客會按時繳納租金嗎？而且能保證他不找你的麻煩嗎？所以說，挑選房客是非常重要的事情，實踐證明，將房子租給一戶人家要比租給一個人好很多。

(2) 事先約好居住人數和不可私自轉租。

備份房客的身分證影本。在房客入住後，應該保存他的手機號碼、公司電話，以免對方更換手機號碼，無處找人。在租賃房屋的時候應該與房客約定居住人數，若是房客沒有得到房東的書面同意就留宿他人，那麼，該人只能在房屋暫住，時間不能過長。此外，還應該約定在沒有得到房東書面同意之前，不可私自將房屋轉租給他人。

(3) 房東若是有將出租的房屋售賣的想法，應該在合約中標明。

房東若是想在售出房屋之前先出租一段時間，那麼，一定要將房屋即將售賣的資訊顯示在租賃合約上，讓房客心中知曉。

針對安全問題，主要有以下幾點。

A. 對於租住房屋的人來說，他們是不放心除了自己以外的其他人還有一把自己「家門」的鑰匙的，這時房東可以讓房客自己將門鎖更換，然後把其中的一把鑰匙放在房東的手中，並裝在信封中，用封條封閉，在上面寫清在沒有得到房客允許的情況下不可打開，除非有意外，但事後要向房客說清原因。

B. 很多房東在出租房屋的時候都會非常擔心電熱水器所帶來的安全隱患，在出租的過程中，應該告知房客在不使用時應把電源關閉，並將此項內容標注在合約上，以免出現安全問題後，房客將責任推到房東的身上。

(5) 水、電、天然氣等使用的費用。

針對這個問題，房東可以將此項條款增加在合約之中，標明房屋在出租期間所出現的水費、電費等費用由房客自己負責，當房客出現忘記繳費的狀況時，應該適時提醒。

(6) 知曉影響房屋出租收益的問題。

房東想要使自己的出租收益不受到損失，那麼在出租房屋的過程中就應該注意這幾點。

A. 將租賃房屋的租金的報酬率最大限度地提高。

B. 最好不要讓自己的出租房屋閒置過長的時間。

C. 盡量降低出租屋的折舊成本，將出租收益最大限度地提高。

第六章　當「房奴」還是當「房主」——管好你最大的家當

第七章　小成本換來大安全

——學會買保險

人生有風險，處處需小心。保險，是人們保護自身和財產安全的依靠，更是一種比較安全的投資方式。在風險如此高的投資市場，不妨用保險為你的人生保駕護航！

1. 人生有風險，為生命和財產上一把「鎖」

人的一生說長不長，說短不短，但是難免會遇見風險，比如自然災害，不僅會使生命出現意外，還會使財產受到重挫。人身安全很難保證，但是財產還是有辦法減小損失的，唯一的辦法就是購買保險。

不管從哪方面來考慮，保險都能夠將風險帶來的損失降到最低。所以，應該重視保險，為生命投資是很重要的。

(1) 個人壽險。

人的生命是非常脆弱的，一個自然災害就可能會斷送很多人的性命。也許上午你看到一個人還在和朋友說笑，下午就意外去世了，這都是很有可能的。如果去世的人就是家人眼中的「天」，留下一大筆來不及償還的債務，或者生活一下沒有了主要的經濟來源，就會為家人的生活帶來很大的影響。想要避免發生這樣的狀況，就應該事先購買壽險產品或者人身意外險。

壽險產品的種類不止一種，有兩全保險、終身保險、定期壽險、年金保險等。在這裡，我們只介紹前三種壽險，定期壽險的價格是比較低的，因為這種壽險對顧客的死亡賠付規定了特定的時間段，比如十年、二十年等，對於家庭條件不是很好的人來說，可以選擇這種壽險。比如有一人年齡為四十歲，投保五十萬元二十年期定期壽險，在二十年之內一直繳納費用，每年大概需要繳納一千五百元，也就是每天差不多拿出五塊錢放在保險上，這樣是不會讓生活品質下降的，而且家人也會比較安心。另外其他兩種保險的價格是比較高昂的，因為有效期限相對來說要長一些，而且在實際情況發生時，保險公司一定會進行理賠，因此，家庭條件略微優渥一點的人想要購買保險，應該從這兩種保險中做出選擇。

在購買保險之前，投保人應該先經過仔細考慮，確定理賠金額。因為人的生活價值是很難預測出來的，因此，理賠金額的確定權在投保人自己的手中，理賠金額的大小直接決定投保人在規定期限內繳納的保費。

事實上，投保人想要精確地了解理賠數額，可以從以下幾個方面來綜合考慮。

A. 受保人在家庭中的經濟影響力。就是當家庭成員中不存在受保人之後，家庭的收入狀況會不會受到很大的影響。影響越大，確定的理賠數額就應該越多。

B. 死者留下的負債。在現代生活中，有很多家庭都有各式各樣的貸款，比如房貸、車貸等，這些貸款都會壓得家庭中的成員喘不過氣，如果在這時，家庭中的某一成員突然去世，而且該人曾經還是家庭的主要經濟來源，那麼，這些負債就會讓整個家庭遭受重大的打擊，因此，在確定理賠數目的時候，一定要考慮這一點。

C. 考慮伴隨死亡而來的費用。比如喪葬費，因為突然增加的這項費用，在短時間內，家庭的生活可能會受到一點影響。在當代社會，這項費用絕對不是一筆小數目。

從以上三個方面來考量，投保人就能夠精確地了解理賠的數額了，避免家庭因為資金短缺而出現危機。

(2) 財產保險。

目前，在人們的觀念中，壽險要比財產險重要得多，很多人都不會考慮這類保險。但是，沒有財產，我們如何生活?所以，相對於壽險而言，財產險也是非常重要的。對於大部分家庭而言，他們通常都會將金錢存在銀行之中，但是對於那些比較重要的而又無法存進銀行的財產，他們絞盡腦汁，不知道放在哪裡合適，大部分人會放在家中的保險箱中，這些財產包括：珠寶、房產權狀、工藝品等。但是家裡並不是絕對安全的，若是這些財產被偷，同樣是一件令人頭疼的事。在這種情況下，在財產產品上的一些小投入就顯得十分有必要了，比如家財險。

在家財險中，投保人在進行投保時是非常自由的，人們可以依據房屋的價值、房中財產等進行投保。大部分房屋的投保需要投保人每年繳納一千元以上至三千元以下的費用。對於家庭條件十分優渥的人來說，每年繳納的保險費在五千元左右，其中包括保姆責任險、寵物責任險等。不管數額有多高，和上千萬元甚至過億的家庭財產相比，簡直就是微不足道。當這些財產出現問題後，保險公司就會為投保人做出理賠，穩定投保人的生活品質。

(3) 保險特徵。

報酬豐厚、安全性能高。保險，可以說是一項比較長遠的投資，投入小，報酬大。而且保險投資的安全性是其他投資方式無法比擬的。保險公司的監管工作是由國家（臺灣設有金融監督管理委員會保險局）來執行的，因此，能夠將投資風險由大變小。

此外，保險的安全性還表現在保單永遠不被凍結且債務人索債無效。當企業倒閉時，股票、債券等都會被凍結，但是保險卻不會，而且，債權人還不能要求受益人以保險收益為由償還債務。

2. 保險角逐中，你該相信誰——選擇保險公司

購買保險是非常有必要的，但是保險公司應該怎樣選擇呢？如今，金融業的發展可謂是「蒸蒸日上」，各式各樣的保險公司拔地而起。有國有保險公司、外資保險公司，還有股份制保險公司，這些公司的出現，使投保人有了更多的選擇，但是也讓投保人眼花撩亂。

那麼，應該怎樣在眾多的保險公司中做出抉擇呢？

(1) 挑選有實力的保險公司。

當一個地區的投保人大部分都受到了災害的影響時，保險公司有沒有實力擔當理賠是非常重要的。想要了解到這一點，我們需要清楚保險公司是否有充足的資本金、準備金等。通常情況下，資本金的多少能夠影響該公司的償付能力。準備金也是如此，數額越多，資金的運營情況越好，償付能力也就越高。這樣的公司的實力就比較雄厚，可以輕鬆解決理賠問題，而對於實力薄弱的保險公司來說，就顯得棘手了，難免會出現無法按時理賠的現象。

(2) 挑選信譽好的保險公司。

在挑選保險公司的時候，除了要考量實力外，還應該比較各個保險公司的信譽問題。在考察的時候，主要應該了解該保險公司在理賠上是不是迅速、合理，還有就是服務態度如何。

(3) 挑選人氣旺的保險公司。

挑選保險時也應了解保險公司的營業據點、保險單的多寡、總保險費收入、工作人員總數等。還應該著重了解一下該保險公司是否出現過無法償付保險金的情況。

(4) 挑選產品種類多的保險公司。

保險公司的產品越好，客戶也就越多。良好的產品指的是全面的品種、業務的靈活性高、較強的競爭力、量身設計的保險計畫等。

(5) 挑選資產結構好的保險公司。

如果一家保險公司已經上市，或者整體上市，那麼它的資金可以說是比較雄厚的。「整體上市」的意思就是以公司的所有資產為基礎上市，能夠達到這一點的公司，它的整體結構一定不會差。

(6) 挑選管理效率高的保險公司。

一家保險公司的管理效率如果很低，那麼，時間不久，它一定會關門。可以說管理效率直接決定著該公司的「生死」。管理效率展現在產品的創新能力、公司盈利能力、公司應變能力等。

3. 投資保險，怎樣獲利

投資保險，能夠讓我們在遭遇風險的時候得到「援助之手」，規避災難。事實上，保險的功能不止如此，投資保險還能使自己的資金得到保值，甚至是增值。這種保險就是投資型保險，目前這種保險的受歡迎度越來越高。

投資型保險與投資有些相似之處，既可以保障安全，還能夠投資獲益。雖然有不少人認為保險的存在意義就是保障，不應該涉及投資，但是這類保險並沒有消失，反而成為人們理財投資中的一部分。那麼，在選擇投資型保險的時候，投保人應該如何去選擇呢？

當前，臺灣具有的投資型保險分為分紅險、萬能壽險等。這些保險各有各的優點，下面具體介紹一下它們，然後再根據自己的情況做出選擇。

(1) 分紅險。

這種保險有保底利率，這就降低了顧客的利率風險，顧客可以根據合約上的約定獲得紅利分配，但是它的利率是比較低的。

如何投資：因為這類保險的時間一般都是在一到五年之間，所以，對於那些喜歡短期投資，而又畏懼風險的顧客來說是非常適宜的。因為在設計上，每種分紅保險不一定相同，所以它為顧客帶來的保障和收益也是有所差異的。投保人在選擇分紅保險的時候，應該將每種保險的保障和收益做綜合的比較，不可片面比較產品所帶來的收益。

風險：想要透過分紅保險獲得收益也不是絕無風險的，因為沒有保險公司會確保投保人每年都能得到一定的收益。這類產品中的收益來自保險公司經營這類產品的可分配盈餘。而在這之中，保險公司的投資收益在確定分紅率上面是非常重要的。通常來說，投資收益越低，年度分紅率也就越低。但是，年度分紅率還會因為費用實際支出情況、死亡實際發生情況等狀況而出現變化。

（2） 萬能壽險。

這類保險對投保人有承諾，有保底收益。它的優點在於繳費不死板，在繳費的時候可以選擇定期或者不定期，而提供保障部分的保險數額可以依據投保人的自身狀況進行更動，還享受加保的選擇權，能夠滿足投保人在不同狀況下對保險的需求。這類保險不僅具有穩定的低保底，還具有高收益的可能性。

如何投資：這種保險的時間是比較短的，所以更適合有閒置資金，且不願承擔風險的家庭。在進行挑選的時候，應該全面考慮收費、保底和不確定的收益。此外，還應該清楚在保險說明上對較高收益的測算不一定能實現，不可將其作為挑選這類保險的依據。

風險：這類保險的風險在於高於最低保收益以上的收益是不確定的，所以，不能將這類保險和銀行儲蓄做比較，更不能將原本存在儲蓄中的資金全部投放在這類保險上。

（3） 投資保險。

通常情況下，這類保險是不承諾投資報酬率的，而將保費分成了兩部分，一是保障，二是投資。如果保障部分出現了意外，責任歸於保險公司，保險金額不發生變化；如果投資部分出現了意外，責任歸於投保人，當然當投資有收益時，投保人也是可以得到報酬的。

如何投資：這類保險的投資是長期的，因此，對於想要繳納二十年以上保險的人士是非常適合的。投保人在購買這類保險前，應該先理清這類保險的投資效益和投資帳戶之間的關係，並清楚這類投資將要面臨的風險，還要了解退保損失的費用，允許可退還占有率等問題。與此同時，投保人還應該確定好最恰當的保障額度。

風險：投保人可以在這類保險產品中獲得很大的收益，但是與之伴隨的也有極大的風險。此外，這類保險的投資也是不穩定的，當保險公司經營不當或者資本市場行情不好的時候，投保人的收益也許就會因此而受到影響。

通常來說，顧客想要選擇哪種類型的保險產品，應該由顧客根據自己的實際情況和偏好來選擇，而不是透過對這三種產品的比較來抉擇。因為不同產品的出現，完全是為了滿足不同投保人的喜好和承受能力。

透過對這三種保險的介紹，投保人想要在購買保險的過程中獲得收益，可以根據自己的情況來進行取捨，達成自己的理財目標。

4. 維護自己的利益——保險理賠的步驟

當投保人或者其財產遭受到意外的時候，理賠就成了理所應當的事情。那麼，究竟什麼是理賠？理賠就是當發生保險事故的時候，權益人向保險人提出申請，根據保險條款的審核認定保險責任，付給投保人保險金的行為。投保人及其家人應該事先了解保險公司的理賠步驟，這樣在發生事故的時候，才不至於手忙腳亂。

(1) 受理案件。

受理報案的意思就是受保人在出現保險事故的時候，應該馬上向保險公司報案，保險公司在接到報案後應該登錄備案這場事故。通常來說，這一步驟是在理賠過程中最重要的，它能夠幫助保險公司馬上了解事故的狀況，必要情況下可以介入事故進行調查。與此同時，保險公司還能依據合約上的條款和所發生事故的狀況，提醒申請人事先將資料準備齊全。並將資料的收集方法告知申請人。

(2) 受理立案。

當申請人將所有的資料準備齊全之後，應該將資料提交給保險公司，待保險公司審核。查清資料是否全面，是否還要補交資料或者保險公司是否要受理，這個過程就是受理立案。在進行立案的過程中，如果保險公司的立案人提交的資料有不充分、不清楚的，會馬上要求申請人補全資料。當資料沒有問題時，保險公司應馬上通知申請人處理案件所需要的大概時間，並讓申請人得知保險金的另取方法。

(3) 調查。

調查就是保險公司經過收集相關證據，確定保險事故和資料是否真實的過程。這個過程不是只有相關部門和機關的參與，還需要申請人的配合。這樣一來，保險金的賠付就會更加及時。

(4) 審核。

審核的過程就是案件經辦人在認清客觀事實，認定保險責任之後，經過計算償付金額，做出理賠結論。

(5)　簽批。

簽批是指理賠案件簽批人對上面的各個步驟進行覆核，核實沒有問題後，對案件進行審批。

(6)　通知領款。

經過簽批後，保險公司應該讓受益人準備好相關證件，到保險公司辦理領款手續。為了保證保險公司能夠及時、無誤地聯絡到受益人，申請書中的電話號碼和地址一定要準確。

目前，雖然有很多人都已經意識到了購買保險的重要性，但是很少有人能夠清楚地知曉投保的全過程和理賠事宜。當事故真的發生在自己的身上時，雖然知道向保險公司索要賠償，但是由於自己不熟知保險條款而導致得不到應有的賠付。

那麼，在與保險公司進行理賠交涉的時候，怎樣才能讓索賠簡單順利地進行呢？

(1)　認清保險責任。

通常情況下，在保險單的背面會標明保險責任都有哪些範疇，有哪些事故是不屬於保險責任的。若是所發生的事故原因屬於保險責任的範疇，投保人就能夠向保險公司索賠。

(2)　保險索賠是有期限的。

當發生保險事故時，投保人應該立即告知保險公司，並用最快的速度以書面的形式提出賠償申請。否則，投保人可能會由於沒有及時告知保險公司而支付保險公司調查、取證等費用。

(3) 不同的險種有不同的索賠途徑。

通常情況下，住院醫療保險金的申請應該先呈交至行銷部，然後再轉遞給理賠部。對於其他種類的保險，投保人可直接將申請交給保險公司的理賠部。

(4) 保存好投保單等證明單據。

不同的險種，在理賠的時候投保人所準備的資料也是不同的。

通常情況下，保險公司會讓投保人準備好相關證件的正本。比如，發生死亡事故後保險公司通常會要求投保人準備好給付申請書、受保人和保險金受益人以及申請人的身分證死亡證明、法醫鑑定書等。

對於車險，當事故發生後，投保人應該將交通隊處理事故時的證據保存完好，想要得到財務損失的賠償，還應該準備好相應的憑證和票據。另外投保人在索賠時，還應該向保險公司提供機動車輛保險出險和索賠通知書、保單的正本及影本等。

(5) 保險公司在接到索賠申請和相關資料、證明後的六十天之內，應該給予理賠。

當保險公司還不能確定理賠數額時，在保險公司接到索賠申請和有關資料、證明後的六十天之內，應該根據提供的資料和證明定出最低數額進行償付，當具體數額確定後，保險公司應該將差額補給投保人。若是保險公司刻意不按時理賠，投保人可以用法律來維護自己的利益。

5. 正確評估保險——理性購買保險

如今，不少人都認為應該為自己的生命和財產購買一個保障，於是保險就成了他們的選擇，但是面對如此龐大的保險市場，難免會有人做出令自己後悔的決定。事實上，想要理性購買保險並不難，只要在購買前做好充足的準備就可以。

購買保險前應該做好哪些準備呢？

(1) 評估風險。

在人的一生中，難免要發生一些或大或小的意外。所以，在購買保險之前，要先對風險進行全面的評估。

根據不同程度的風險，可以將所要購買的保險分成兩類，一類是必保的保險，另一類是可選擇的保險。必保的保險所要保的風險是指事故發生後，會帶來嚴重傷害的風險；可選擇保險所要保的風險是指事故發生後，也許會影響個人或家庭經濟負擔，但又不會對個人和家庭的生活品質帶來太大影響的風險。針對以上兩種風險，對不同人或不同家庭而言，也許情況都有差異，具體的劃分還需要根據自己的情況。

(2) 認清保險需求。

在對風險進行評估之後，應該在頭腦中對哪些是需要保險的風險有一個清楚的認識和分類，從而認清自己的保險需求。如果實在不好劃分，可以使用排除法，將不需要用保險來避免的風險排除，比如，自己能夠享受國家提供的社會養老保險，對養老風險再進行投保就意義不大了。

(3) 確定保險數額。

將自己想要投保的風險確定下來後，下一步就是確定自己需要購買的保險金額。在購買人身保險時，由於人身保險的期限比較長，保險金額也是最飄忽不定的，很少有人能夠準確購買，不是太多，就是太少，這樣就不能讓我們從中獲得最大的利益。所以，在確定保險金額的時候，應該從各個方面考慮清楚，比如受保人的年齡、在家庭中的位置、家庭的整體情況等。

(4) 確定保險期限。

保險期限的長與短會影響到險種的選擇、保險金額的大小等，比如人壽保險，這種保險的期限一般都是多年期的，投保人在投保之前，可以選擇保險的期限、繳納保險費的期限和領取保險金的時間。

(5) 挑選具有可比性的產品。

保險的種類有很多，在不同的保險產品之間，價格千差萬別。在選擇保險產品的時候，應該對價格進行比較，除此之外，還應該比較保險合約中的除外責任條款。比如，A和B公司推出了一種醫療保險，價格相同，但是B公司的除外責任沒有A公司多，也就是說B公司所承擔的責任範圍比A公司廣，從這一點來說，購買B公司的保險比較划算。

此外，還應該看公司的財務狀況、服務品質是否良好，如果一家公司的產品在價格上面與另一家的同一產品相比要低，但是它的財務狀況並不理想，那麼，投保人還是應該選擇價格高一點的比較保險。

在眾多產品之中，保險產品是比較特殊的，因為它的價格確定是由精算人員依據保險的責任範圍科學計算出來的。也就是說，價格較貴的保險產品，其保險責任範圍必然要廣一點。所以，在購買保險前，我們應該根據自己的實際情況，設計出一個保險方案，對照方案購買保險，才能夠讓購買的保險產品物有所值。

6. 練就「火眼金睛」，識別保險陷阱

在當代社會，人們購買保險已經很普遍了。從理論上來講，保險公司是不存在設置騙局的條件的。但是，當人們在與保險公司進行交涉的時候，總會面臨很多陷阱。

這些陷阱具體展現在以下幾個方面。

(1) 合約中內容的複雜化表述。

在保險合約的內容上做些合法的「處理」，人們是很容易被弄「迷糊的」。有很多條款本來可以很簡單地解釋清楚，但是保險公司卻將條款內容做複雜化的表述，弄得人們暈頭轉向，有時還會使人的理解出現偏差。比如，某人想要購買一家保險公司的健康保險。打開合約後，看到了這樣一條款項：「自本合約生效（或復效）當日起，受保人在免責期發生《病種目錄表》所列出的病種或手術，本公司將依照《病種目錄表》上所標明的該種疾病或手術相應的給付限額，在有

效保額內償付疾病保險金。」但是在《病種目錄表》中的疾病或手術多不勝數，很少有人會將其都看一遍，這樣就會導致人們認為只要出現疾病，無論大小，都能夠得到償付。然而，只要你仔細查看，就會知道上面所列出的疾病都是大病。想要「繞過」這種陷阱，就應該在簽訂合約前，仔細研究合約中的每一則條款。

(2) 著急投保自己落入陷阱。

目前，保險業已經進軍了投資理財市場，有著令人可觀的報酬率。但是，不是每一個人都能投保，有些非承保體想要承保，有如實告知的義務；還有些能夠承保的人，因為害怕不能承保，逃避不告知的義務，這些行為都會為將來的理賠帶來很嚴重的問題。

(3) 業務員設下的圈套。

有些保險業務員在給客人推薦保險的時候，有意向諮詢人提供不真實的資訊，比如誇大保險人的保險責任。但是這一現象並不是出現在所有業務員的身上，只有那些自身水準較差或者有些業務熟練的業務員故意為之。所以，在購買保險的時候，這一點也要引起注意。

此外，有些業務員可能在無意間就為客人設下了圈套，這種現象的存在並不是個案，而導致這種現象出現的主要原因就是保險業務員對與保險相關的知識非常欠缺，對保險產品、條款、法規沒有一個正確的認知。比如，有人已經享受公費報銷，但業務員還向其推薦報銷類保險，這樣就會使保險出現重複的現象。不僅如此，當投保人向保險公司索要理賠時，如果業務員沒有充分的相關知識儲備，就不能將本應該屬於客戶的賠償爭取到。因此，尋找一個專業的、技能嫻熟的保險業務員是至關重要的。

事實上，除了從以上方面避免陷入保險圈套外，想要讓自己的保險買得放心，還可以從業務員的角度來達到這個目的。

(1) 查看代理人的證書。

按照規定來說，想要成為保險代理人，就必須有相關的證照，客戶想要購買保險的時候就可以提出查看的請求。在查看的時候，客戶要注意上面的代理期限是否到期。

(2) 對代理人推薦的保險方案提出設計理由。

當代理人在推薦自己設計的保險產品時，應該詢問他為什麼要這樣設計，然後對照自己之前提出的要求看看他的設計初衷是否合理。這樣，我們就可以知道代理人能不能按照客戶的要求設計產品了。

(3) 回憶自己與代理人之間的對話。

如果代理人在剛和你聊天的時候就不停地說，那麼，他的專業水準很受質疑。但如果他在剛和你接觸的時候，只是安靜地聽你的敘述，這說明他很專業，因為只有先聆聽客戶的需求，才能夠為對方設計出一個完美的保險產品。此外，專業並不是指代理人說話滔滔不絕，說出很多令客戶不明白的專業術語，真正專業的代理人一定是以客戶為主，將語言簡單化，讓客戶不會出現難懂或誤解的狀況。

7. 保險購買法：相互搭配

隨著保險觀念的深入人心，很多人都加入了購買保險的隊伍之中。保險可以為我們的生命和財產上一道鎖，也可以為我們帶來一定的收益，但是這並不意味著購買的保險越多越好。購買保險，關鍵講究一個「精」字！「精」，就是數量少，作用卻很大。不需要買太多的險種，也一樣可以使自己的生活得到保障。對於大部分上班族而言，想要理好財，就應該把錢花在「刀口」上，弄清自己及家庭的最大風險，再進行合理購買。這樣不僅省錢，還能避免自己的利益受到損失。

那麼，怎樣購買保險才算買得「精」呢？下面就為大家介紹幾種搭配購買保險的方法。

(1) 消費型搭配儲蓄型。

保險產品有消費型的，也有儲蓄型的。雖然這兩種保險的保額是相同的，但是儲蓄型的保費卻比消費型的要高很多，因為消費型的保險有一定的期限，在期限之外發生保險事故，保險公司是不予賠付的。而儲蓄型保險與之完全不同，除了具有一般的保障功能，還具備儲蓄的功能。如果在保險期內沒有發生保險事故，在約定的時間，保險公司會將錢交到保險受益人的手中，這與銀行儲蓄中的零存整付相似。對於大部分人來說，這種保險是比較受歡迎的。對於經濟狀況並不是很好的家庭而言，選擇消費型搭配儲蓄型的方式來購買保險是比較合適的。

比如，想得到一百萬元保額的重大傷病險保障，就可以選擇購買五十萬元保額的消費型和五十萬元保額的儲蓄型重大傷病險。在三十歲的時候購買，每年拿出五千多塊購買消費型健康險，一直保障到五十歲，交二十年，總保費為十萬多元；與此同時，每年交兩萬元購買儲蓄重大傷病險，一直保障到五十歲，交二十年，總保費為四十萬元，到約定期限後可返還五十萬元。這樣算起來，返還的五十萬元與儲蓄型保險繳納的四十萬元保費之間的差額就是消費型健康險的保費。當年齡到達五十歲後，之前用於消費型健康險的保費還可以轉用於養老資金。這樣一來，普通家庭的生活保障就能夠得到保證了。

(2) 主險搭配附加險。

在購買保險時，主險的選擇非常重要，但附加險的選擇也同樣不可忽視。市場上目前的附加險有附加意外傷害及醫療險、附加重大傷病險和附加住院醫療險等。有不少保險公司的附加險種費率比有著相同保障內容的主險產品要便宜不少，最多可以便宜一半的價格。而且，有的保險公司的主險產品所涵蓋的險種不全面，在這種情況下，就需要選擇附加險來使投保人的利益得到保障。在選擇附加險時，應該注意以下三點。

A. 附加險的選擇，應該把重點放在醫療險上，當主險是重大傷病險時，附加險就應該選擇普通的健康類附加險。個人在投保時，應該根據自己公司的醫療保險待遇來選擇額外的醫療保險，若是有醫保或公司能報銷一些，在選擇附加險時，就應該選津貼類保險，否則，就應該購買附加住院費用險，這樣才能夠使風險降低。

B. 當主險是定期壽險或終身壽險時，附加險的選擇可以考慮意外傷害保險，當發生保險事故時，投保受益人不僅能夠得到普通壽險的死亡保險金給付，還能夠得到附加意外傷害保險金。

C. 如果主險是健康險，在選擇附加險的時候，可以考慮具有特殊功能（如家庭保單）的附加保險，兩者搭配起來比較好。除了受保人能夠得到利益外，受保人的配偶及子女也能得到利益。

透過以上兩種購買保險的方法就能夠達到「精」的目的，用最少的錢使保障最大化。但是，在選擇第二種投保方法時，應該注意以下兩點。

(1) 在時間上，附加險隨著主險的變化而變化。

當主險失去效力後，附加險的效力也會消失。但是，有一些附加險的效力是在主險停止之後才能實行的。因此，在購買保險前，應該將這一情況向代理人詢問明白。

(2) 主險沒失效，附加險可能會失效。

通常情況下，附加險的期限沒有主險長，如果附加險達到了約定期限，投保人沒有續保，那麼，附加險的效力就會終止，而主險的效力仍然存在，這一點也是需要注意的。

8. 五張保單，保你一生平安

在飲食中有食物金字塔，在金字塔的基礎部分，也就是最底層的五穀根莖類食物，沒有它，人體就不能得到充足的能量和生命保障，而保險就相當於人們飲食中的「五穀根莖類食物」，為人的生命提供保障，不僅如此，還可以將我們遇到的風險降到最低，讓我們的財務狀況更加井然有序，所以，保險是我們生活的一部分，也是一種理財方式。

人生漫漫，在這之中會發生很多令人意想不到的事情，因此，我們應該持有下面這五張保單。

(1) 意外傷害保險單。

這類保險是一種投保人與保險公司約定保險期限，並繳納保險費，在保險期內，若是出現了保險事故，比如，受保人出現了傷亡、支出醫療費用等情況時，保險公司則會履行合約上的條款，償付受保人保險金的保險。

(2) 醫療保單。

這類保險還可以稱為醫療費用保險，它是健康保險的內容之一，可以為受保人提供醫療費用保障。它的作用在於當受保人發生事故，需要支付大筆醫療費用時，能夠使受保人在經濟上得到保障。

(3) 養老保險單。

這種保險是當勞動者在年老退休之後，由政府向其提供資金需求，保障其基本生活條件的一種社會福利制度。

如今，許多家庭都是獨生子女，等到子女能夠承擔家庭責任時，子女所要贍養的不止自己的父母，還包括配偶的父母，這對於獨生子女的壓力是非常大的。如果想幫助孩子減輕未來的負擔，在年輕的時候就應該為自己買份養老保險，等到年老的時候就可以每個月領取養老金，而且領取的保險金一定比繳納的多。

(4) 子女教育保單。

教育保險還可以稱為孩子教育保險，這是一種為孩子籌備教育基金的保險。這類保險是一種儲蓄型的，不僅有儲蓄作用，還有保障功能。

對子女的培養是一種投資，雖然在初期投入得比較高，但是在後期的報酬卻是不可估量的。目前，想要投資一個孩子的教育，首先應該準備不低於一百萬元的資金，除了讀書教育的支出，還要為孩子的愛好做好相應的資金儲備，比如畫畫、唱歌、彈鋼琴等，這些都不是一筆小額款項，如果孩子將來出國留學，那麼，準備一百萬元是遠遠不夠的。所以，在孩子來到世上的那一刻起，就應該為孩子的教育籌備一筆資金，這當然離不開教育保險。

9. 你的收入決定你的投保額——投保與收入的比例

隨著經濟的發展，人們的生活水準逐漸提高，人們更加看重自己的生命品質和生活品質，而保險產品在這種情形下就像「舊時王謝堂前燕」一般，逐漸「飛入尋常百姓家」了。

隨著社會的進步，經濟的高速發展，保險已經不只是富人的專利了，而是在尋常人家的生活中普遍存在而且不可或缺。

既然保險產品這麼普遍，那麼，不同收入的家庭應該怎樣對保險進行投資呢？所投入的保險應該占到家庭總收入的多少才是合適的呢？

(1)　普通上班族家庭。

這類家庭指的是剛剛踏入職場的年輕人，以及家庭年收入不足五十萬元的上班族家庭。

對於剛剛踏入職場的年輕人，在收入方面不會有太大的突破，而且其中有些人生活不知道節儉。對於這樣的人，應該為自己買一些保險，這樣不僅能使你獲得生活的基本保障，還能夠強迫自己存錢。處於這一年齡階段的人們在購買保險時，還不需要考慮養老的問題，最主要的是儲蓄，可以購買儲蓄投資型保險，這樣一來，既得到了保險保障，還進行了儲蓄投資。那麼，保障的時間應該設置成多少年呢？五年以上十年以下的中短期險種是比較適合的。

對於剛剛成立家庭或者已經有了孩子的普通上班族家庭來說，若是年收入不足五十萬元，在保險方面的投入應該控制在家庭年總收入的百分之十以下。因為，這樣的家庭通常會將大部分收入用在平時生活開銷和孩子的教育費用上。在選擇險種的時候，可以考慮購買養老保險、重大傷病險、意外傷害險。而且，應該把保險的側重點放在大人身上，而不應該是孩子，否則大人一出事，家庭的經濟狀況就會受到影響，結果最遭殃的就是孩子。

(2)　中等收入家庭。

這類家庭指的是年收入超過了三十萬元，但在百萬元以下的家庭，收入波動不大，並在銀行中有百萬元左右的存款。

處於這種經濟狀況的家庭，應該抓住當前經濟壓力較小、開銷剩餘較多的有利時機，對保險進行長遠的規劃。比如一個家庭有百萬元的存款，如果在銀行利率不是很高的情況下，將這些錢全部存進銀行，很明顯不能使家庭獲得很大的收益。想要投資理財，家庭完全可以只存進銀行十幾萬元，用於不時之需，然後將剩下的資金投放在中長期的分紅型年金類保險產品上。這類產品不僅可以為投保人帶來較高的固定報酬，還可以帶來紅利分配。

對於中等收入家庭來說，在保險方面的投入可占年收入的百分之十到百分之十五，如對於年收入為五十萬元的家庭來說，在保險的購買上最多可以投入六萬元。夫妻二人可以選擇購買重大傷病保險、意外事故險，幫小孩購買的保險應該以教育金為主，避免在孩子升學時出現資金不足的狀況。此外，還應該為孩子購買意外險和重大傷病保險。

(3) 高收入家庭。

這類家庭指的是年收入超過百萬元的家庭，手中擁有兩套或者更多的房產，在銀行有超過五百萬元的存款。

很顯然，這類家庭的收入狀況是非常理想的，但是他們沒有太多的休息時間，而且工作壓力也比一般人高很多，健康狀況自然也不理想。所以，對於這類家庭來說，購買保險的目的不是為了讓自己的晚年豐衣足食，而是為自己的健康與生命提供保障。

目前，有一種專門為這類家庭量身定做的高額壽險。它的優點是保底利率，而且保額的投入與報酬是成正比的。在選擇這類保險的時候，此類家庭應該根據自己的需求來確定投保金額，最好不要超過家庭年總收入的百分之二十。

第七章　小成本換來大安全——學會買保險

第八章

「風險」和「收益」的博弈
——債券、基金、外匯、股票

投資市場中的龐大利益，時刻吸引著廣大投資者的眼球，無人不想在其中大撈一筆。然而，風云變幻莫測，市場飄忽不定，輕易入市，便會「死無葬身之地」。只有做好充分準備，認識利害，深知進退，方可品嘗勝利之果。

1. 認識投資債券中的風險

無論哪一種投資，都存在一定的風險，只是不同種類的投資所具有的風險大小是不同的。有不少人認為，購買股票的風險非常大，而債券投資是穩投穩賺的，雖然它的利率相對來說起伏不大。債券投資風險不僅展現在價格上，還展現在信譽上。所以，在進行債券投資之前，一定要估測債券的投資風險，對將來可能會虧錢有一個心理準備。

那麼，債券投資的風險有哪些呢？

(1) 違約風險。

這種風險是在發行債券的借款人沒有按規定的時間支付債券利息或者還清本金時發生的。只有一種債券是不存在這種風險的，就是公債，因為這種債券是由財政部發行的，而且有國家做擔保。除此之外的債券都是有一定的風險的，只是風險的大小有所不同。

通常情況下，違約風險是因為發行債券的公司或主體經營不善所帶來的風險，所以，如果想要使自己最大限度地遠離違約風險，就應該買品質好的債券。在購買債券前，應先熟知公司的情況，比如公司的經營狀況、公司在各個月份債券的支付狀況，以免購買了經營不好的公司債券。

(2) 利率風險。

這種風險是在利率發生變動時發生的。利率的上下調整，能夠直接影響債券的價格：利率上調時，債券的價格就降低；利率下調時，債券的價格就會提高。由於利率的變化能夠直接影響到債券的價格，因此，即使債券不存在違約風險，也會存在利率風險，所以，我們在選擇債券的時候，應選擇好債券的期限，債券期限有長期的也有短期的，若是利率提高，短期債券很快到期後就能夠馬上進行高收益投資，若是利率降低，相對來說長期債券就能夠擁有較高的收益。總之，不要把所有的債券投資放在同一種債券品種上。

(3)　購買力風險。

這種風險是由於通貨膨脹發生的。在通貨膨脹的時候，投資人所獲得的真實報酬率應該是票面的利率減去通貨膨脹率。比如債券的利率是百分之九，通貨膨脹率是百分之七，真實報酬率則是百分之二，這種風險出現的頻率是非常高的。若想避免購買力風險，在購買債券的時候就應該選擇分散投資、分散風險的投資方法，這樣在某些債券出現購買力降低的時候，還有其他購買力較高的債券彌補這種損失。

(4)　變現能力風險

這種風險是在短時間內不能以比較合適的價格售出債券的時候發生的。若是投資人員遇到一個不錯的投資機會，但是在短時間內沒有人願意以合適的價格購買，要將價格再降低一些或者時間再延長一些才有人購買，那麼，投資人就會錯過良好的投資機會。想要避免這種風險，在購買債券的時候就應該對這些債券有一定的了解，謹慎購買。

2. 了解債券的分類——債券的種類

債券的種類多得不計其數，對債券進行劃分也是比較複雜的，一般來說，劃分的方法有以下幾種。

（1）根據不同的發行主體。

以這個依據對債券進行劃分，債券可以分為國債、地方政府債券、金融債券、公司債券。國家想要借債，發行的債券名稱就是國家債券；企業想要借債，發行的債券名稱就是公司債券。國家發行債券通常都是為了緩解國家的財政問題，或者是由於建設工程出現了資金問題，也或者是其他原因。因為國債有還本付息的保證，所以，國債幾乎沒有什麼風險，但利率沒有其他債券高。

地方政府債券，簡稱地方債券，通常用於教育、交通、醫院等地方性公共設施的建設。地方債券和國債是一樣的，都有還本付息的保證。但是某些地方政府的債券是沒有還本付息的保證的。通常情況下，除了國債，這種債券的安全性是最高的。此外，購買這種債券獲得的利息通常都不用繳納所得稅。

金融債券的發行是為了緩解金融機構資金短缺的問題。這種債券的風險還是比較小的，安全性比較高。但這種債券的利率一般都沒有普通的公司債券高，但是比公債的利率要高一些。

公司債券的經營利潤是決定債券利息的關鍵，所以這種債券的風險取決於企業的經營狀況。若是企業發行債券後，因為經營不善導致出現虧損狀況，也許就會發生不能償還投資人本金和利息的狀況，這樣一來，投資人的利益就有可能出現損失。此外，在一定程度上，證券市場上的風險越大，投資人所獲得的收益就越大，高收益總是與高風險形影不離的。公司債券的風險很大，因此，利率也是比較高的。

(2) 根據是否有變動的利率。

以這個依據對債券進行劃分，債券可分為固定利率債券、浮動利率債券。固定利率債券不把市場變化的因素考慮在內能夠提前計算出發行成本和獲得的收益，但是利率的上下浮動還是能夠影響投資人的收益的。若是市場在未來的利率降低了，發行新債券的利率就會降低，而之前發行的債券的成本相比之下就比較高，這樣投資人所獲得的利息也會比較高；若是市場在未來的利率提高了，發行人所發行的新債券的成本就會變大，而之前發行的債券的成本相比之下就比較低，投資人投資之前的債券的收益就會比投資新債券所獲得的收益要少。

浮動利率債券的利率是由市場利率或通貨膨脹率的變化決定的。這類債券通常都是中長期債券，種類多種多樣。

(3) 根據不同的付息方式。

以這個依據對債券進行劃分，債券可分為附息債券和貼現債券。附息債券是平價發行的，債券上有息票，息票上的內容有利息額、債券號碼、分期利息等。投資人可以將息票從債券上剪下，然後憑藉息票領取利息。這類債券在支付利息的時候通常是在償還期內按期結算的。

貼現債券是折價發行的，透過購買這類債券所獲得的利息額不需要用利率來計算，因為它的面額與發行價格之間的差就是債券到期時付給投資人的收益。

(4) 根據償還期限的長短。

以這個依據對債券進行劃分，債券可分為短期債券、中期債券、長期債券。通常情況下，短期債券的償還期限不到一年；中期債券的償還期限在十年以及十年以下；長期債券的償還期限在十年以上。上述期限的分類不同於公司債券的期限分類，長期公司債券的償還期限在五年以上，中期公司債券的償還期限在一到五年之間，短期公司債券的償還期限不足一年。

3. 基金的種類和特點

隨著社會的發展，人們對基金和股票的認識也越來越多了。事實上，基金最初是由英國創立的，然後在美國得到了很好的發展。

那麼，基金的種類主要有哪些呢？

(1) 根據組織形態的不同可分為公司型基金和契約型基金。公司型基金自身就是獨立法人，自主進行運作，公司還讓信託人看管基金財產，基金在進行投資的時候，可選擇的範圍比較廣。契約型基金自身不是獨立法人，是透過基金管理公司發起設立進行運作和核算的。基金公司對基金資產進行操作，與此同時請信託人看管基金資產。

(2) 根據基金單位是否可增加或贖回可分為開放式基金和封閉式基金。開放式基金一般不上市交易（但也要看情況），透過銀行、券商、基金公司申購和贖回，基金規模不固定；封閉式基金有固定的存續期，上市交易，投資者透過二級市場可進行基金買賣。

(3)根據投資對象的不同，可分為股票基金、債券基金、貨幣市場基金等。股票基金是以股票為投資對象的投資基金。債券基金是以債券為投資對象的基金。貨幣市場基金也叫貨幣基金，是指投資於貨幣市場上短期有價證券的一種基金。該基金主要投資於短期貨幣工具如國庫券、商業票據、銀行定期存單、政府短期債券、公司債券等短期有價證券。

(4)根據投資風險與收益的不同可分為成長型、收入型和平衡型基金。成長型基金主要以資本長期增值為投資目標，其投資對象一般為市場中有較大升值潛力的小公司股票和一些新興行業的股票，成長型基金一般是將所獲得的收益進行再投資，以資本增值為目的。收入型基金是主要投資於可帶來現金收入的有價證券，以獲取當期的最大收入為目的，以追求基金當期收入為投資目標的基金，其投資對象主要是那些績優股、債券等收入比較穩定的有價證券。

平衡型基金是指以既要獲得當期收入，又追求基金資產長期增值為投資目標，把資金分散投資於股票和債券，以保證資金的安全性和盈利性的基金。

另外，基金還有很多分類法和種類，但相對來說不是很常見，對於剛進行投資理財沒多久的人來說投資機會不多，這裡就不再介紹了。

透過上述介紹，我們已經了解了基金的種類，現在再向大家介紹一下投資基金的特點。事實上，基金之所以備受中小投資者追捧，也是因為基金所具有的特點。主要特點有以下五點。

(1) 累積小錢成大錢再投資，便於進行規模經營並降低投資成本。

投資基金是透過發行受益憑證籌集資金的，面額大小不一，有的才幾塊。在購買基金的時候沒有人數和投資額多少的限制，投資人所得到的收益是按照投資占有率計算得到的，所以根據基金自身情況的不同，投資人可以購買或多或少的基金。因為基金具有這樣的特點，所以得到了社會上廣大散戶的支持。因為基金資金額度較大，所以在市場上的抗風險能力也會相應地增加，很容易得到主動權，若是股價劇烈下跌而被套住時，有後續基金就能夠透過購買低價位的股票來攤低成本，這樣就可以加快解套。

此外，因為基金交易的金額較高，所以能夠減少手續費，從而降低投資成本，投資效益自然也就高了。

(2) 能夠分散投資，減小投資風險。

在購買基金的時候最好不要抓住一個不放，同時投資幾個不同的基金才是最好的投資方式。但是實現這一點的前提條件是有一定的資金儲備，對單一投資者來說，數目不是很大的投資是很不容易做到多元化投資的。此外，想要做到這一點還需要具備一定的管理能力，對於單一投資人來說，沒有一定的管理程度也是不能實現多元化投資的。

(3) 進行專業化管理，避免盲目投資。

很多投資人因為種種原因，比如資訊、專業技能、時間等，在進行投資的時候總是較為盲目，結果損失慘重。對基金進行投資，有一定的專業優勢，因為投資基金是在專業人員、專業性公司和專家的共同努力下對基金進行投資、保管的，而這些專業人員都是經過專業培訓的，在投資方面具備一定的專業知識、專業技能、分析能力，而且所獲得的資訊也是非常全面的。所以投資基金能夠使投資風險在很大程度上得以降低，而且通常還能夠為我們帶來不錯的收益。

(4) 投資方式不死板，選擇較多。

投資基金的歷史已經有一百多年了，投資對象也非常廣泛。有些國家的金融市場發展得比較好，那裡的投資公司一般都會主動向投資人員推薦一些投資基金，讓他們選擇自己想要的。目前，在市場上的基金數量有千餘種，比如貨幣基金、黃金基金、創業基金等，而這些種類能夠讓身處在不同地位、擁有不同經濟狀況的投資者選擇適合自己的基金，滿足他們各自不同的需求。

(5) 具有很強的流動性和良好的變現性。

我們都知道基金的風險相對於其他投資方式是比較低的，而且收益也較為可觀，但是它的優點不僅僅在於此。如果投資人想要購買國外的證券，就會因為諸多因素而導致收益不明顯或者虧損嚴重，比如交易方式、時差等。但是透過投資基金，間接地投資國外的金融工具，這樣就使投資範圍變廣了。

雖然投資基金的優勢非常多，但是也避免不了存在一些劣勢，比如：投資基金雖然能夠降低風險，管理基金的人雖然具備一定的專業知識和經驗，但是也不能完全避免出現失誤的狀況，導致投資人受到損失。

4. 投資基金的基本策略

基金的種類很多，而基金的投資策略也會因為個人想法不同而出現差異。現在，推薦四種投資策略給大家，對於想要理財的人來說，可以選擇其中的一種來學習。

(1) 定時定額投資策略。

這種投資策略就是投資人間隔一段特定的時間，比如半個月、半年等，從自己的資金中拿出一部分，投放在能夠穩定成長的基金中，並長期持有。這種方法也是投資人選擇長期投資時所採用的比較普遍的一種策略。

透過設定固定的時間和固定的金額購買基金，優點就是能為投資人節省大量的精力，投資人無須每天都在電腦上或者去證券交易所盯著基金價格的動盪，也毋須考慮在什麼時候購買基金才是最合適的。這是因為若是基金價格上升，此時，用這種方式購買基金，雖然購買的基金會少一些，但是基金的價值卻很高；若是基金價格下降，此時，用這種方式購買基金，就會購買到很多基金。從長遠的角度來看，每個單位的基金的平均成本都不會比平均市價高。

事實上，這種方法也可以稱為「平均成本法」。事實證明，使用這種投資策略能夠使中長期的資金累積起來。這是因為這樣的投資方法把投資成本減少了，而收到的效益自然就高了。

這種投資方式除了具有這個優點外，還有一個優點就是它同時具有儲蓄和投資兩個特點。事實上，這種投資方式和銀行中的零存整付有些相似，只是基金的操作是在證券市場中進行的。從長遠的角度來看，使用這種策略購買基金最終取得的收益要比銀行存款所得到的多。

雖然這種投資策略的優點有很多，但是它的缺點同樣存在。因為是定期投資，所以，很難在購買的時候趕上基金價格的最低點，這樣一來，最終獲得的利益不可能是最大的。

(2)　適時進出投資策略。

這種投資方法需要有一定的經驗做基礎，根據基金價格的變化，選擇一個適當的時間進行購買、減倉。當你感覺到價格要上漲時，拿出自己大部分資金進行購買；當你感覺價格要下跌時，則毫不遲疑地取出自己的資金。

其實，這種投資策略並沒有嚴格的規定，只能憑個人經驗來估測。但操作起來也不是特別難。因為基金的上下浮動非常大，只要你在投資的時候保持一顆平常心，不貪財，該賣的時候賣，就可以透過短線操作來獲得利益。

此外，在使用這種策略的時候，還能調整持股比例。只要謹慎操作，一定會獲得利益。但是，這要求投資人對市場行情的變化非常靈敏，還要有承受打擊的心理素質。因為就算是投資基金的資深人士，也不可能每次都能準確地估測到基金的低點和高點。

(3)　將利息滾入本金投資策略。

購買基金所獲得的收益主要有三種來源，一是利息，二是股利，三是資本增值。其中，前兩種來源是基金管理公司分給投資人的，而資本增值則是投資人售賣自己的基金所得到的。基金的種類不同，收益的分配方法也有差異，有的基金分配給投資者的包括利息、現金股利、股票股利，而有些基金則會配息、配利，投資人可以將基金收益的三個來源滾入本金中，換取額外的股份，使資金得到不停地成長。在當今市場上，有不少基金所選擇的就是這種策略。

(4) 固定比例投資策略。

這種投資策略也可以稱為「公式投資法」，雖然從表面上來看，它和第一種投資策略沒有什麼差異，都是在低點買入，高點賣出，但是這種方法更為靈活，這種靈活性主要表現為可以對基金進行組合。

比如，一位投資人想要用自己一半的資金來購買股票基金，百分之三十五用來購買債券基金，百分之十五用來購買貨幣市場基金。此時，如果股市行情上走，那麼，股票基金的價格也許就會成長，而股票基金還可能會占到全部投資收益的七成。在這種情況下，投資人可以售賣掉一些股票基金，讓股票基金仍然占全部投資基金比例的一半；若是股市行情不好，這時，手中所擁有的股票基金很可能就會占全部投資基金比例的百分之二十五，在這種情況下，投資人應該售出一些有固定收益的債券基金，再把這三種基金的比例調配成初始狀態。

5. 省時省心的好辦法——把錢交給專業人士打理

很多人都認為投資股市的風險太大，基金的風險相對來說小一些，於是就進軍「基金」。但是這些人對於基金的了解少之又少。想要透過一種投資方式來賺錢，就需要對這種投資方式多加了解。

但是，你知道什麼是基金嗎？

簡單來說，投資基金就是將很多人所投資的錢集中在一起，然後交給基金管理公司的專家，讓他們按照自己的投資策略，統一進行投資管理。這是一種利益共享的模式，投資者將錢放在一起進行投資，最後共同分享利潤、承擔風險。基金是由基金管理公司發行，並將收集的資金投資於證券上的一種投資方式。

現在，我們來看看基金是怎樣運作的：

(1) 將投資者的資金集合成基金；

(2) 將基金交給基金管理人進行投資；

(3) 基金管理公司透過對基金進行投資、管理，將收益中的一部分分給投資人。當證券投資基金得到一定的收益後，投資人能夠獲得一定的收益；但是當證券投資基金有一定的虧損時，投資人應該自己承擔。

基金管理公司的存在所具有的意義，很好理解，就是它是一個投資專家，透過籌集市場上的小戶資金，使用自己的投資方式對這些小戶資金進行投資。那麼，基金管理公司是怎樣運作的呢？

(1) 設計基金產品。

基金管理公司進行運作的第一步就是投資設計，根據投資人的需求，設計出多種基金產品，然後上交給政府，透過審核批准後，由市場部門組織推出。最後將籌集的基金資產交給投資部門。

(2) 進行投資。

在投資決策委員會和風險控制委員會的指導下，研究部門出示投資分析報告，在合適的時間，將籌集的資金投資在股市、債券市場，盡力達到基金合約中的投資要求。

(3) 實施監督。

當籌集的資金已經進入投資市場後，相關部門應該監督每個操作步驟，確保操作行為在法律的允許範圍內，降低基金操作中出現的風險，並保證基金的資訊按時讓投資人得知。

(4) 後台支援工作。

運作保障部門會為投資管理提供相應的後台支援，比如資訊技術支援、交易清算核算等。

(5) 後勤部門提供支援。

在基金管理公司中有一個後勤部門——綜合管理部門，它可以為公司的正常運轉提供很多支持，比如人事管理、後勤保障等。

(6) 基金託管銀行的監督。

在基金管理公司正常運作的過程中，通常會接受基金託管銀行的監督，使得籌集的資金能夠得到更合法、合理的投資。

透過以上敘述，我們知道基金管理公司有著自己獨有的一套運作流程，那裡的投資人士都具備一定的投資技巧和豐富的投資管理經驗，他們會將籌集來的資金進行合理的投資，這是一個人的智慧所不能及的。

若是你的資產非常雄厚，有足夠的時間、系統的投資知識、豐富的投資經驗，那麼，相信你很快就能夠在投資市場中享受投資帶來的財富和快樂。但是如果你只是一個上班族，積蓄很少，而且生活節奏非常快，幾乎沒有空閒時間去管理自己的錢，也沒有實力去聘請專業人士打理你的資金，那麼，就把錢交給基金管理公司吧！那裡有很多人會幫助你實現理財夢想。

6. 不熟不做——了解投資股票的常識

在投資理財的過程中，我們應該注意一點，對於自己不熟知的領域，千萬不能輕易嘗試。凡是自己想做的投資，一定要仔細鑽研明白，對投資領域的風險和收益進行全面的分析和對比。投資股票也是一樣的道理，讓我們了解一下投資股票的常識。

(1)　什麼是股票。

股票的全稱是股市證書，是股份公司以集資為目的，發行給股東的持股憑證，並憑此獲得股息和紅利的一種有價證券。每一股股票所代表的是股東擁有企業一個基本單位的所有權。股份公司資本的構成部分就是股票，可以用來轉讓、交易或抵押，是資金市場主要的長期信用工具。

(2)　股票有什麼價值。

股票的價值有很多，比如面額、淨值、清算價格、發行價、市價等。

A.面額：面額就是股份公司在發行的股票票面上面標注的金額，單位是元／股，面額存在的意義就是讓人們清楚每張股票所代表的資本數額是多少。

B.淨值：股票的淨值就是每股股票所包含的資產淨值，它是透過會計統計的方法得到的，計算公式為：淨值＝公司淨資產÷總股本。透過計算所得出來的數值越大，股東實際擁有的資產就越多。

C.清算價格：清算價格指的是股份公司在無力繼續經營的狀況下進行清算的時候，每股股票的實際價值。從理論上來說，每股股票的清算價格和股票的淨值是相等的，但是企業在做清算的時候，財產值的計算是依據實際的銷售價格計算的，事實上，在對財產進行處理的時候，清算價格與股票淨值是不相等的。

D.發行價：當股票發行時，上市公司為了各種原因，比如自身利益等，不會根據面額對股票進行發行，而是替股票定出一個價格，然後再發行，這一價格就是股票的發行價。

E.市價：股市的市價指的就是股票在進行買賣的過程中，買賣雙方一致達成的成交價，一般來說，股票價格就是市價。

(3) 入門常識。

A.競價成交：

競價原則：價格、時間都優先。價高買進優先於價低買進，低價賣出委託優先於高價賣出委託，對於同等價位的委託，時間早的優先。

B. 交易單位：

a. 「張」是股票買賣的單位，一千股就是一張，委託購買股票的數量應該是一千股或者一千股的整數倍。

b. 如果委託數量沒有全部成交或者分紅送股，股票可能會不夠一張，這樣的股票只能委託賣出，不能委託買入。

C. 報價單位：股票的報價單位是「股」。

D. 漲跌幅限制：在一個交易日中，每只證券的買賣價格相對上一個交易日收市價的漲跌幅度不能高於百分之十，除非證券是在當日上市的。

E. 「ST 股票」：有些股票的名稱前有「ST」這兩個字母，這樣的股票表示這家公司在最近已經連續一年或兩年出現了虧損的情況，或者淨資產已經跌破面額，又或者是公司股票在經營時有嚴重的違法行為出現等。這類股票在交易日的漲跌不能超過百分之五。

F. 「T+1」交收：「T」所代表的意思就是買賣當日，「T+1」所代表的意思就是買賣當日的第二天。「T+1」交易制度所表示的意思就是投資人在當日購買的證券不可在當日賣出，在次日才可以賣出。

7. 炒股應具備的心理素養

股市震盪起伏，沒有人能夠控制，有些人可能在一夜之間暴富，而有些人可能在一夜之間傾家蕩產。這樣大起大落的人生，需要我們有足夠的心理素養來面對。炒股人士應該具備以下幾種心理素養。

(1) 對待輸贏要理智。

股市漲跌都是很正常的現象，不可能總漲不跌，也不可能總跌不漲。如果在面對股票上漲或下跌的狀況時，因為驚喜過度或者悲傷過度導致精神失常，那就得不償失了。我們在炒股的時候應該端正自己的心態，無論賺錢還是賠錢，都應該保持平常心。此外，股民在操作股票的時候，應該經常總結經驗，逐漸將自己的心理素養和操作水準提升到更高的層次上。應該具有這樣的心態：能夠賺錢固然好，如果賠錢了，我還能學到經驗，從而賺到更多的錢，也是一件好事。

(2) 不可全信股評。

如今的股市，上市公司大量增加，股民的人數也是越來越多，但是市場的變化更加讓人捉摸不透了。在這樣的形勢下，很多股民都想透過獲得股市更多的資訊來確定自己選哪支股，股評也就自然產生了。毋庸置疑，很多股評「專家」都有著一定的專業知識和經驗，能夠傳授給股民一些操作技巧，但是股民不能全然信之，聽一聽，借鑑一下可以。因為畢竟這些人是拿錢點評的，只要節目上他們有觀點闡述就可以了，甚至還會胡言亂語，給股民帶來不良影響。所以，股民在聽股評的時候，應該學會判斷，聽取那些對自己有利的資訊，對那些完全沒有可信度的股評則充耳不聞。此外，還應該逐漸培養自己分析股票的能力，以免太過依賴股評，沒有自己的觀點。

(3) 調節緊張與放鬆。

有很多股民不能夠調整好炒股的鬆緊度，只要一下班，就會泡在股市中，甚至還將此作為職業，結果弄得自己身心疲憊，雖然在「牛市」中賺了一筆，但是卻在「熊市」中歷盡痛苦，在市場好的時候所賺的錢都在市場不好的時候賠進去了。所以，在股市中應該學會該緊張的時候緊張，該放鬆的時候放鬆。在股市中，沒有永遠的「牛市」，也沒有永遠的「熊市」，它的變化是有週期的。在投資股市的時候應該在「熊市」的最低點買進，在「牛市」的最高點賣出。但是這一點對於大部分人而言不太容易做到。但是如果在「牛市」的初始點開始買入，隨著股價上漲，風險一點點變大時，撤身而退還是可以做到的。這樣的做法雖然會使股民失去一些利益，但是這樣做是非常保險的。在「牛市」中賺到錢後，應該休息一段時間，緩解一下神經，避免在「熊市」中傷神。

(4) 要有熱情，也要有智慧。

股市本身就是動盪不安的，所以我們在面對股價上漲或者下跌的時候應該理智，但是股市中又充滿著大量的賺錢機遇，因此，在炒股的時候不光要理智，還應該有熱情。在股市如果膽小如鼠，畏首畏尾，對市場行情的變化無動於衷，就會錯過很多賺錢的機會。但是如果在股市中太過大膽，就會出現兩種狀況，一是富甲一方，二是傾家蕩產。這兩類投資者的炒股方式都是非常不可取的，在炒股的時候，應該在能賺錢的時候奮力直追，但是不可貪心，賺一點就放手。雖然說炒股要放長線，但是有些時候，短線更適宜。總之，在股市中要有清醒的頭腦，正確分析股市行情，端正自己的心態，這樣才能在股市中遊刃有餘。

8. 股市操作，不可不知的基本程序

想要躋身於股市，在其中賺取金錢，看起來非常容易，但事實並不是這樣的。在股市中稍有不慎就會深陷泥潭，難有翻身之日。所以，想要靠股票來賺錢，就要先了解一些股市操作的基本程序，就像學習英語一樣，不知道二十六個英文字母，怎麼能說出一口流利的英語呢？

(1) 開戶。

投資者投資證券的第一步就是開戶，其中包括兩方面，一是證券帳戶，二是資金帳戶，少了其中的哪一種都不能進行證券交易。

A. 開設證券帳戶

證券帳戶也稱為股東帳戶、股東卡。我們可以將它看成一張股票存摺，可以對投資人的證券買賣進行記錄、清算、交割。只要投資人在股市上進行了交易，那麼，在證券帳戶中都能夠看到。

投資人在開立證券帳戶之後，就能夠進行證券投資了，可是不能直接在交易所進行，想要達到這個目的，必須先成為交易所的會員。因此，投資人需要將一家具有證券業務和交易所會員資

格的營業部當做自己買賣證券的經紀商，並在其內開設資金帳戶。由這個營業部代辦自己在交易所中的買賣，並進行一系列手續。

投資人在開設資金帳戶選擇證券營業部的時候，完全可以根據自己的要求，將證券交易的任務交給自己所選擇的營業部，但是想要讓自己的投資不出現問題，在選擇證券營業部的時候，應該注意以下幾個問題：

a. 該家營業部有沒有較高的信用和資金實力。

b. 該家營業部中的設備是不是非常先進和齊全。

c. 該家營業部人員的整體水準高不高，管理正不正規，諮詢服務是否完善，進行買賣會不會出現安全問題等。

d. 該家營業部開戶時的保證金有沒有相關規定，投資金不同的帳戶的保證金是多少。

e. 該家營業部的收費情況是怎樣的，全部費用都有哪些，費用各是多少。

f. 該家營業部所處位置對自己而言是否方便。

對以上問題進行研究之後，投資人就能夠選擇一家最好的營業部來開設資金帳戶了。

在辦理完一切手續之後，投資人就可對證券進行買賣了。在這裡，投資人需要明白一點，就是投資人所買賣的資金是自己存在資金帳戶中的保證金，所以在買賣證券的時候一定不能超過保證金的最高限度，否則就要面對透支處理。但是投資人也不用太過擔心，因為在證券營業部能夠透過網路看到自己是否有透支，若是出現了透支，投資者應該立即告知相關人員，進行處理，避免出現一些不必要的麻煩。

(2) 委託。

投資證券的第二步就是委託。

A. 委託的內容

投資人員在進行證券交易委託時，應該說清下面幾點內容：

a. 證券的名稱、代碼。

b. 怎樣交易，買還是賣。

c. 交易的證券價格、數量。

d. 委託的有效期限。

B. 委託的形式

委託的形式有很多種，投資人員可以將以下幾種形式和自己的實際情況對照一下，再做出選擇。

a. 櫃台委託。這種委託形式需要投資人自己前往證券營業部，按照提示填寫委託單，然後連同相關證件一同交給工作人員，這些證件包括證券卡、個人身分證。委託單需要列印兩份，一份放在證券營業部，一份放在自己的手中。

b. 電話委託。這種委託方式在近些年的推廣範圍是比較廣的，它的優點非常明顯，就是毋須親自去證券營業部處理，只要撥打電話就能夠辦理委託。

c. 磁卡委託。現在，有不少人所使用的委託形式都是磁卡委託。這種委託形式無須與工作人員進行溝通，只要用自己的磁卡在營業部中的磁卡委託機上刷一下，按照相關的提示一步步進行就可以了。

d. 電腦委託。這種形式只限於中戶和大戶，通常來說，中戶和大戶投資人在營業部有屬於自己的一部電腦和位置，想要進行委託，只需按照電腦的指示操作就可以了。

(3) 競價成交。

A. 交易與競價原則

證券市場遵循三個原則，分別是公開、公平、公正。交易所遵循的原則有兩個，分別是價格優先和時間優先。

在證券可以被投資者進行買賣的期間，每個競價可以分為兩部分，一是連續競價，二是集合競價。

B. 連續競價

什麼是連續競價呢？就是對申報的每一筆交易進行委託，透過電腦按下面兩種情況產生成交價。

a. 如果最高買入的申報價和最低賣出的申報價沒有差異，那麼，這個價格就是成交價。

b. 如果買進的申報價比賣出的申報價高，或者賣出的申報價比買進的申報價高，那麼，成交價就是申報在先的那個價格。

C. 集合競價

這種競價是在一段特定的時間中，當投資人選擇在某一價格進行交易時，由電腦對所有的申報進行排列，尋找出一個基準價格，使這個價格能夠具備以下幾個特點。

a. 成交量最大。

b. 比基準價格高的買進申報和比基準價格低的賣出申報全部滿足。

c. 和基準價格相同的買賣雙方中有一方申報全部滿足。

(4) 清算交割。

清算交割指的是在證券交易成交之後進行的，主要分為兩部分，一是證券商和交易所之間的，二是證券商和投資人之間的。

在進行清算交割之前，需要投資人自己確認一下證券是否有成交，否則是不可以進行交割手續的。在辦理交割手續的時候，投資人應該準備好證券卡、身分證、磁卡，辦理好手續後，證券商會交給投資人一份交割單，投資人應該仔細查看上面的內容，並將其完好的保存。

(5) 過戶和銷戶。

在投資人想要變更股權的時候需要經過一項程序，就是過戶。投資人購買了一個公司的股票，這個公司的股權是不會放在投資人的手中的，但是如果在這個公司的相關部門辦理了股東名冊變更，就可以擁有一部分股權了。

過戶的形式有交易過戶和非交易過戶。交易過戶的做法包括以下兩種：

A. 在每個買賣日收市之後將成交的資訊交給登記公司辦理過戶。

B. 透過電腦進行過戶，這一過程與股票買賣同時進行。

非交易過戶形成的原因多種多樣，比如婚姻變化、繼承等，一般都要投資人自己來辦理。

在進行投資的過程中，難免會遇到不想再進行股票投資的問題，那麼，這就要求我們清楚怎樣銷戶。銷戶的第一步就是將自己手中所有股票都交易出去；第二步就是到自己選擇的委託公司進行交割，將帳戶中的資金取出，撤銷資金帳戶；最後一步就是到自己選擇的登記結算公司撤銷證券帳戶。

9. 規避股市風險——炒股策略

對於股票的價格變化，在股市中摸爬滾打數年的投資者也不能準確摸清它的動向，而對於剛剛學習理財的人士，想要找出股市變化的規律更是難上加難。事實上，股票的投資風險具有兩重性，你不能從根本上躲避它，但是又能夠使其得到一定的控制。

想要達到這一目的，投資者需要實施以下幾種策略。

（1）固定投入法。

這種投資方法還可以稱為「金額平均法」，是一種使股票成本降到最低的投資策略。投資人可以定期往所購買的股票中投入固定量的資金，與此同時，當股價發生短期浮動的時候，不要理會，這樣一來，投資人手中的高價股和低價股就可以得到中和，使得購買股票的成本不高也不低。

這種投資方法是一種很保守的投資方法，這對於不喜歡風險或者是剛剛加入股票投資行列的投資人來說是比較合適的。但是這種投資方式也是要經過仔細研究的，要選擇不同價位的企業，看看哪些是值得投資的，依據是：經營穩定、利潤穩定、上市公司。選擇好股票後，還應該注意長期持有，不可在中間中斷，否則就看不到想要的效果。

（2）比例投資法。

這種投資方式分為兩類：一是固定比例法，二是可變比例法。

固定比例法是為了降低股票風險，使用固定比例的投資組合的一種方法。通常來說，投資組合應該由兩種股票構成，一種是穩定型的，就是價格波動小、收益不太明顯的債券；另一種是風險型的，就是價格變化較大，收益的變化也很大的股票。對於兩種股票的比例，投資者應該提前確定好，確定好後，就不要輕易改變。

那麼，投資者應該怎樣確定比例呢？這一問題可以根據投資人的個人目標確定。對於追求價值成長的投資者，投資組合中的風險型股票就應該多投入一點，比例自然也就應該大一點；對於追求保值的投資者，投資組合中的風險型股票就應該少投一點，比例自然也就應該小一點。

可變比例法就是投資者將投資組合的比例按照股票價格的變化來進行調整的投資方法。在使用這種投資方法的時候，投資者應該注意股票的預期價格，當得知股票價格的變化之後，對股票的組合比例進行調整。

通常情況下，股票的預期價格要成長時，投資組合中的風險型股票的比例就應該調大；當股票的預期價格要降低時，投資組合中的風險型股票的比例就應該減小。

(3) 分段投資法。

分段投資法分為兩種：一種是分段買高法；另一種是分段買低法。

分段買高法就是投資人在觀察到股票開始上漲時，分段買進股票的投資方法。股票的價格變化較大，想要正確預測是不容易做到的。若是投資者將自己的資金全部投入到一種股票中，價格一旦上漲，可以得到很大的利益；但是當價格劇烈下跌時，投資者的損失也會非常大。

所以，投資者在股票價格走高的時候應該分段購買，避免一次性購買的方式。

分段買低法就是投資者在觀察到股票出現下跌時，分段買進股票的投資方法。大部分人認為，當股票出現下跌時，應該在最短的時間內將股票買進，然後等股票上漲後，一次性賣掉所有股票，這樣就能獲得不少利益。如果事實真是如此，所有的投資者就都能賺到錢了。股票價格的下跌是相對現在股票的價格而言的，如果現在的價格本身就很高，即使下跌一些也還是很高，只有當股價下跌到一定的程度後，才能算得上價格較低。所以，即使在股票下跌的時候買進，投資者也可能會遭受損失，一是股價很可能還要下跌，二是股價上升的幅度很小。因此，當投資者想使用這種投資方法時，應該在股價下跌的時候分段買進。

這種投資方式只適合內在價值低於市場價格的股票，對於相反的情況來說，投資者應該一次性買進，不使用分段買進法。

(4) 相對有利法。

這種投資方法就是在投資過程中，買入的股票漲到目標價位後，就賣出的投資方法。股票價格的高低是不可一概而言的，今日的高價也許就是明日的低價，而今日的低價，也有可能是明日的高價，這都是不確定的。因此，投資者在投資的時候，應該有自己的預期收益。

這種投資方法在很大程度上能夠避免股票價格下跌所帶來的損失，但是它也存在缺點。當股價上漲，投資者將股票賣出後，股價依然在上漲，投資者就不能獲得更大的利益。因此，投資者應該確定自己的預期損失金額，當股票價格的變化給投資者帶來的損失達到預期損失的金額後，投資者就應該賣出股票，避免繼續損失。

10. 股票和基金，正確區分才能做出選擇

在股票和基金的區別上，有不少剛剛理財的人都知道股票的風險要大於基金，其餘就一問三

不知了。事實上，兩者的區別不僅如此。

股票和基金都是有價證券，投資者在對它們進行投資的時候都可以說成是證券投資。基金是按照「基金單位」進行劃分的，股票是按照「股」來劃分的。兩者的區別在於以下幾點。

(1)　投資者地位不一樣。

手中持有某公司股票的人就是該公司的股東，當該公司要做出很重要的決策時，股東有權提出自己的意見；而手中持有基金的人是基金的受益人，展現的是信託關係。

(2)　投資方式不一樣。

對股票進行投資，投資者可以直接買進股票；而基金則不一樣，它是間接的證券投資方式，投資基金的人是間接進行有價證券的交易活動的，不會直面迎擊風險，由專家決定投資方向和投資對象。

(3)　投資期限不一樣。

股份有限公司的股權憑證就是股票，它的存續期與公司保持一致。而基金投資公司是在籌集到大眾的資金後進行投資的，無論是哪種類型的投資，基金的投資時間都是有限的，當基金投資的期限到期時，基金公司就會將投資所帶來的收益按照投資者手中所持有的占有率返還給投資者。

(4)　風險和收益不一樣。

投資股票是投資者直接進行交易的投資方式，上市公司的經營業績和市場價格都能使投資者的收益成長或者減小。此外，投資者的心理素養也會影響到收益的多少。所以說股票的風險非常大，有些人會因為投資股票而發家致富，而有些人會因為投資股票落得妻離子散的後果。與之相比，基金的風險就要小很多。對於資金不是很充足的投資者而言，他們經常會因為資金不足而將資金投放在少數幾支股票上，當股價下跌時，就會使自己的財產付諸東流。

基金的安全性比較高，它是由專家進行管理、投資的，在投資的時候，它的投資形式之一就是組合投資，這樣可以分攤風險，但是基金的收益比有些優質股票要少，但是平均收益不在股票的平均收益之下。

(5) 價格取向不一樣。

基金的價格主要決定於資產淨值，股票的價格則在供求關係的變化下發生變化。

(6) 投資回收方式不一樣。

除了公司倒閉、進入清算的情況之外，股票投資是沒有期限的，而且投資者還不能從公司中收回股票；想要收回，必須在證券買賣市場上按照市場價格變現。基金投資的回收方式在處理不同形態的基金時是不同的，比如封閉式基金有期限，到期後，投資者能夠按照手中的占有率得到屬於自己的資金；開放型基金通常是不存在期限的，但是投資者可以根據自己的意願贖回資金。

11. 各種錢幣的交易——外匯理財

如今，隨著經濟的發展，人們生活水準的提升，很多人都會參與到投資活動中。其中大部分人都會購買一些外匯，只是因為沒有太多的數量，也就沒將注意力放在上面。人們喜歡將外匯存進銀行來獲得利息，但是利息不會太高，如果操作得當，少量的外匯也可以帶給我們不錯的收益。

那麼，怎樣操作才可以稱得上得當呢？比如，你現在有一千美元的存款，經過對各種因素進行綜合的判斷後，你得知目前歐元有升值潛力，銀行外匯牌價美元兌歐元為零點九七，你將手中的一千美元按外匯牌價換得一千零三十點九三歐元。一個月後，美元兌歐元變成了一點零三，這時，你再將一千零三十點九三歐元（除利息）兌換成美元，也就是一千零六十一點八六美元，與之前相比，你手中多了六十一點八六美元。如此循環下去，一年的收益率肯定會比銀行高不少。進行這樣的投資，就是外匯理財。

外匯理財說起來輕鬆，操作起來並不是很容易。

在進行外匯理財前，應該先做好充足的準備。比如，在網路上利用模擬帳戶進行一番演練，在最短的時間內找到適合自己的投資方法和技巧，並熟練掌握匯市的交易過程，準確判斷影響匯市變化的多種因素，累積外匯理財經驗等，等到一切準備工作都做充足後，才可開立交易帳戶進行實戰。

其次，進行外匯理財的資金來源不能是生活資金和借貸資金。因為這樣會使自己在交易過程中承受沉重的心理壓力，在決策時不能保持冷靜的頭腦進行判斷，從而增加交易風險和失敗的機率。而投資失敗，則會影響家庭的生活品質，甚至還會使自己背負債務。

再次，在交易時，要量力而為，將每次的交易風險壓低到帳戶資金的百分之十以下，以免因交易失敗給自己帶來龐大的損失。通常來說，當資金帳戶的金額很少時，交易風險就會很大，所以，交易帳戶不可出現僅夠五十點的波動平均。

最後，在交易的過程中，投資者應該適當停買停賣。在適當的時機進行交易，在市場不利時先行離市，這樣才能使自己的資金不受到損失。

凡是有收益的地方就存在風險，那麼，外匯投資的風險都有哪些呢？

(1) 資金安全風險。

在投資外匯時，投入的保證金不一定能得到安全保障。但通常來說，只要選擇信譽良好的銀行，投資者的資金安全就能得到保證。

(2) 匯率風險。

匯率的變化可直接影響外匯的收益。影響匯率變化的因素有很多，比如國際間的政治、經濟發展不平衡，政治、經濟的突發事件等，都會為匯率帶來不可預期的變化。

(3) 溝淡風險。

當浮動匯率出現一定的虧損後，如果溝淡不及時，交易部位（部位指投資者擁有或借用的資金數量）就會被強制斬倉，從而使投資者出現很大的虧損。一旦銀行要求客戶溝淡，或者因為多種原因，客戶無法把資金立即交給銀行，銀行就會強行斬倉，並從保證金中拿走虧損的部分。

外匯投資的類型有兩種，一種是個人外匯買賣，即賣出一種外匯，並買入另一種外匯，利用兩種外匯兌換時產生的差價獲取收益；另一種是各家銀行的外匯理財產品，這種產品是銀行依據國際市場報價，專為客戶設計的。

這兩種外匯投資類型分別具有哪些優勢呢？

（1）個人外匯買賣優勢。

A. 投資金額要求低

個人外匯交易的起點相對比較低。

B. 交易時間不停止

個人外匯買賣的交易時間是全天都不停止的，交易快捷、手續簡便，一筆交易不到一分鐘就可完成，而且每日可進行無數次交易。

C. 交易方式多種多樣

投資者可以透過多種方式進行外匯交易，比如櫃台交易、自助交易、線上交易、手機交易、電話交易等。根據自己的情況，還可以採用實時交易或委託交易這兩種交易形式。

D. 交易品種多樣化

投資者可以選擇多種交易品種，比如瑞郎、美元、歐元、日元、英鎊、加元、澳元等多種貨幣組合，而且所有的貨幣都可買多、賣空。

（2）各家銀行的外匯理財產品優勢。

A. 風險較小，安全性較高

很多個人投資者都不能很好地對基本面、技術面等進行專業的分析，因此，匯率的走勢很難準確預測，這無疑增加了投資時的風險。而外匯理財產品是由銀行的專業人士進行理財的，收益肯定不比同期個人外匯買賣低，甚至還會高出很多。

B. 收益率較高

當國際市場利率提高時，外匯理財產品的收益率就可以升高，雖然期限不長，但收益率頗高。另外，外匯理財產品還可以保證投資者在獲得收益時，有一定的流動資金。

12. 黃金，一種價值很高的金屬

在古代，黃金是一種貨幣，人們進行買賣可以直接使用黃金。如今，黃金是全世界各國的主要國際貨幣儲備，與此同時，它還成為理財產品。黃金不是人工合成的，在我們所生存的星球上，黃金的數量是有限的，而它的價值也是比較穩定的，不會受到政治、經濟、社會因素的太大影響，所以說黃金是一種非常理想的避險工具。

如今，經濟發展迅速，人們的財富也得到了累積，而股市行情不穩定，在這種情形下，人們亟需尋找一處穩定的投資領域，且黃金投資的前景也是很廣闊的。但是投資黃金也是需要做準備的，否則再穩定的投資產品也不能為你帶來收益。

那麼，在投資黃金前，我們需要做哪些準備呢？

(1)　目標準備。

黃金投資，按照時間來劃分，可以分為三種，長期投資、中期投資、短期投資；按照獲利要求劃分可分為增值、保值；按照操作手法劃分可分為投機、投資。在確定自己的黃金投資目標時，可依據黃金市場價格變化、個人投資的風格、個人對黃金市場的熟知程度等設立目標。確定好目標後，投資者可以依據自己的個人情況對自己的目標進行改動，使自己在掌控風險的情況下，獲得最大的收益。

(2)　組合準備。

黃金只是家庭投資產品中的一種。在不同的市場情況和風險情況下，黃金在家庭投資組合中的比例應該做出及時的調整。此外，投資者所在國家的政治、經濟、社會安全性的高與低、該國對黃金管制的鬆與嚴、其他投資產品的預期收益的高與低都是調整投資黃金比例的參照係數。黃金雖然穩定，但是收益不高，所以，在這樣大的環境之下，投資者投資黃金的比例不能太高，以免錯失其他能夠帶來豐厚收益的投資機會。對於一般家庭來說，黃金占家庭所有資產的比例應該控制在百分之十以下。

(3) 資訊準備。

影響黃金價格的因素來自各方面，而且黃金的交易在一天之中從不間斷，所以，想要在投資黃金上得到收益，必須時刻了解黃金市場的資訊。如今，人們獲取資訊的方式已經不局限於電視、報紙、廣播了，網路成為了解資訊最快捷、便利的工具，所以個人想要了解到黃金相關資訊並不是一件難事。

(4) 風險準備。

投資黃金不會有利息，也沒有分紅，而且保管的費用很高，多種因素都決定了黃金不是一般人能大量投資的。

投資黃金的方式有很多，比如紙黃金、黃金期貨，而收藏所針對的黃金是實物黃金，比如金條、黃金首飾等。在黃金多種投資方式中，實物黃金更加穩妥，比較適合於中長期投資。

在實物黃金之中，製作精美、設計獨特的黃金首飾和紀念性金條是被人們重點關注的。因為這類實物黃金的價格不僅僅在於黃金的本身價格，還在於它的製作工藝、設計題材和藝術價值，它們的價格比黃金本身的升值空間更大，是比較適合投資收藏的。

第九章　讓財富「一而十，十而百，百而千」

——你必修的投資課

投資市場中產品無數，你適合投資哪個領域?怎樣才可令財富逐漸翻倍?首先應該清楚自己屬於哪類投資者，進行自我「修練」。正如人們所說，人有時候失敗，不是敗在了困難上，而是敗給了自己。所謂「知己知彼，方能百戰百勝」。

1. 自我審視：你是哪種投資者

生活在都市中的普通上班族，已經將理財看成了生活中密不可分的一部分，暫且不考慮高價的房子，就算是買一輛普通的汽車也要耗費一個人幾年的存款。於是，有著很多夢想的年輕人高呼著「為優雅生活而努力奮鬥」的口號，昂首闊步加入到了理財投資的隊伍之中，而且時常在下午茶時間交換理財意見。但是有些人並不知道自己適合哪種投資，在書上或者網路上看到一些投資方法就使用到自己的身上，時而炒股票，時而買基金，沒有確定性，最後導致自己的資金付諸東流。

盲目地進行投資是一種非常不理智的行為。這不僅會讓你的錢不能生錢，還會讓你的錢越來越少。所以，先弄清自己屬於哪種投資者是非常重要的。但是，應該如何弄清自己屬於哪一類型的投資者呢？做一做下面這個小測試，可以幫助你弄清自己究竟屬於哪類投資者。

（選A的計為一分，選B的計為兩分，選C的計為三分）

（1）你購買一項投資，這項投資在一個月後暴漲了百分之四十，你會怎麼辦？

A. 賣了它

B. 繼續保留它，期待將來帶給自己更多收益

C. 加大買入的占有率——也許會漲得更高

（2）你購買了一項投資，這項投資在一個月後跌了百分之十五的總價值，你會怎麼辦？

A. 賣了它，以免日後它繼續跌價，讓你寢食難安
B. 繼續持有，坐等投資回到原有的價值
C. 加大買入的占有率

(3) 遇到下面的哪件事，你的心情最好？
A. 從一個富有的人那裡繼承了一百萬元
B. 在一次競賽中贏了一百萬元
C. 投資的五十萬元基金帶來了一百萬元的收益

(4) 在下面的哪種情況下，你的心態會感覺良好？
A. 在基金上進行投資，從而避免了由於市場下跌而造成的一半的投資損失
B. 你的股票投資翻了一半
C. 你的股票投資翻了一倍

(5) 朋友組織集資，若是成功，會帶來四十到八十倍的投資收益，若是失敗，所有的資金將付諸東流，你的朋友估計成功機率有百分之二十。你會投資多少？
A. 一個月的收入
B. 六個月的收入
C. 一年的收入

(6) 你現在有機會來買一塊土地的部分期權，期權價格是你三個月的薪水，你估計收益會相當於一年的薪水。你會怎樣選擇？

A. 隨便它去——和你沒關係

B. 購買這個期權

C. 聯絡朋友購買這個期權

(7) 下面有幾項投資，你會選擇哪項？

A. 百分百的機會獲得一萬五千元

B. 百分之五十的機會獲得兩萬五千元

C. 百分之二十的機會獲得五萬元

(8) 如果現在的通貨膨脹率很高，硬資產如稀有金屬、收藏品和房地產預計會隨通貨膨脹率一起上漲，你現在手中的投資是長期債券。你會怎樣選擇？

A. 繼續持有債券

B. 賣出債券，把一半的錢投資基金，另一半投資硬資產

C. 賣出債券，把所有的錢投資硬資產

(9) 在一項博彩遊戲中，你已經虧損了兩千五百元，為了拿回兩千五百元，你能拿出的翻本錢是多少？

A. 現在就放棄

B. 一千元

C. 超過兩千五百元

測試結果：

九到十四分，保守型投資者；

十四到十九分，穩健型投資者；

十九分以上，積極型投資者。

根據以上測試，想要投資的人就可以得知自己屬於哪一類型的投資者了。那麼，對於不同類型的投資者，應該怎樣選擇投資產品呢？

通常來說，保守型的投資者可以選擇的投資產品有儲蓄、公債、保險等風險較小的投資產品。此外，還可以嘗試一些新的理財方式，比如收益略微高一些的基金，也可以買進少量的股票。

對於穩健型投資者來說，他們願意將自己的閒雜時間用於理財，會將目標放在長遠的收益上，他們主張穩定、長期的收益。在投資產品的選擇上，可以選擇風險適中、收益不高不低的產品。

而對於積極型投資者來說，他們在投資上樂於嘗試新的方式，心中明白高風險伴隨著高收益，最擅長的就是短線投機式的理財投資方式。但是這類投資者的缺點就在於莽撞、盲目，這是在投資中最忌諱的，因為一不小心，就會傾盡所有。在投資時，這類投資者最好採用傳統的理財手段，按照自己的理財規劃一步步進行理財投資，當自己的投資心態比較穩健後，再嘗試新的理財產品。

2. 樹立正確的投資理念：初學者更需要學投資

一位企業家曾經說過，目前，在地球上的人有三種通向財富的途徑：第一種是工作；第二種是創業；第三種是投資。其中工作是最初階的，最高階的致富手段就是投資。當你的銀行卡中存有一定的資金之後，那麼，你就應該考慮投資了。投資不是去銀行存款那樣簡單，而是需要一定的智慧、良好的心態，還要抓住機遇。

若是現在你的手中正好有一部分沒有合適用途的閒錢，而你在這時還恰巧發現了一個很優質的股票，那你可以考慮投資的事。如果你對投資一竅不通，你應該學習投資方法。因為，透過投資不僅可以使閒錢有所用途，還可以得到一定的收益。如果有一位年輕人每年能夠存下八萬元，在四十年中他一直將這些錢投放在股票或者基金中，每年獲得百分之二十的投資收益，那麼，當他退休時，就可能會成為億萬富翁。

大部分人認為投資並不是一件很簡單的事情，不是一般人能玩得起的。事實上，學習投資並不是很難，關鍵在於掌握投資理念，而投資理念主要有三種，它們分別是堅持投資的實在性、長期性、流動性。

投資的實在性，指的就是將資金投資在自己熟知的、可信度高的品種上。

長期性所指的就是投資不是投機，應該經過長期的堅持才能夠獲得最大的利益，有不少人對投資不是很了解，總是期望在最短的時間內看到收益。參照大多數投資大師的投資之路，我們可以得知，投資是需要耐心的，心態不穩，不能堅持長期的投資，收益不可能明顯。

流動性指的是資金的流動性，資金不流動是投資中的大忌。

用這三種理念對投資產品進行排序（風險收益由大到小）是這樣的：股票、房產、外匯買賣、黃金買賣、期貨、基金、公債、保險、藝術品投資。不管投資市場發生怎樣的變化，只要記住並實施這三種理念，就能夠穿透投資市場的表象看實質。此外，初學投資者在進行投資的時候還應該樹立以下幾個正確的投資理念：

(1) 摒棄「過度享樂」的想法。

想要投資，就應該將「過分享樂」的想法拋之腦後。當薪水發到自己的手中，如果不能控制自己消費享樂的行為，就會將資金浪費光，這樣就沒有閒錢用於投資活動。所以，想要使生活更舒適安逸，就應該先放棄現在的享樂，將錢用於投資之上。

(2) 對「熱股」要冷靜對待。

當有「熱股」出現時，很多人都會頭腦不清醒，跟隨眾人購買股票，這樣就會導致錢財盡失。初學者想要在投資市場上遊刃有餘，首先應該練好基本功，用自己的頭腦分析市場的資訊，然後再決定是買進還是賣出，不可盲目跟風。

(3) 不可貪心。

在生活中，做任何事情都不可貪心，在投資市場中也是如此。貪心通常會使人頭腦不清醒，很容易被市場情景蒙蔽。錢當然是越多越令人開心，但是過猶不及。因此，在投資時，應該拋去貪心，掌握好買賣的時機。

(4) 集體合作。

家庭投資，不是一個人的事情，自己沒有處理好投資的方法，有時會讓整個家庭受罪。因此，在投資的過程中，應該多和他人商量，要互相合作，這樣有可能想出更好的投資方法。

3. 審時度勢，時機造就財富——時機與理財

想要成就大業，除了要具備聰明的頭腦外，還需要時機，理財也是一樣的，能夠把握好時機，才能讓財富降臨。眾多知名的投資成功人士，都用他們的親身經歷告訴我們，從很小的時候我們就應該自主學習理財，掌控好理財的時機。

理財的時機不止在年輕的時候應該要把握住，它是貫穿一個人一生的，從小就應該有意識地去理財，對自己的未來進行規劃。當我們面對生活中多變的生活狀況時，應該對人生中不同時期的理財計畫及時做出調整，並把握住每一個理財機遇。

（1）單身階段。

處於這一階段的人不管是精神方面還是身體方面，都是非常旺盛的，而且家庭負擔還沒有落在自己的肩上，因此，應該在平時努力為將來的家庭存下一筆可觀的資金。理財的任務就是努力工作，盡量多賺一些錢存起來。此外，年輕人上保險的保費沒有多少，所以可以及時為自己買點保險，以免在出現意外時傾盡所有或使財政出現危機。若是手中的閒錢比較多，可以投資房產，或者將收入的一部分存成定期儲蓄。

（2）家庭成形階段。

在這個階段，人們的消費會比較高。雖然處於這一階段的人每個月的收入已經增多，生活狀況沒有太大的波動。想要將自己的生活品質提高到一個新的層次，就必須花費大量的積蓄，比如買車、高級的生活用品等。在這個階段的理財任務是將錢投資在家庭建設上，等到有些剩餘的資金後，再將錢放在一些投資上，比如基金、債券等，從而得到一定的報酬。

（3）家庭成長階段。

處在這一階段的人通常會將自己的大部分資金投資在子女的教育上。在這個階段，很多家庭的子女都開始進入大學的校園，而此時的教育費用會是之前教育費用的十倍左右，若是理財能力比較高，在之前已經有了一筆不錯的積蓄，此時就完全沒有問題，而且還能充分進行理財，增加更多的財富。但是如果家庭理財進行得不順暢，積蓄很少，就應該將子女的教育費用當成理財的任務，保證子女順利畢業。對於理財不是很成功的家庭來說，在這一時期，千萬不要因為急缺用錢而盲目理財。

(4) 家庭成熟階段。

在這一階段，人的各個方面都已經進入了相對穩定的狀態，再加上子女不再依靠家裡，家庭負擔可以說非常小，所以，理財的任務應該是加大投資的力度。但是由於自身已經進入了人生的晚年，一旦投資出現了問題，可能會對晚年生活造成很大影響。因此，在選擇投資方式的時候，應該盡量避免那些風險較大的投資。此外，在進行投資前應先把自己的養老金預留出來。

在眾多的投資方式中，保險的安全性還是很高的，定期購買一些保險，為自己存些養老金。此外，還可以將資金中的一部分放在股市中、銀行存款中等。在進行投資的時候，應該注意一點，就是年紀越大，越應保證投資風險越小。購買的保險應該以養老、重大傷病險為主。

(5) 退休之後的階段。

當人到達了這一階段，當然不用四處奔波了，每天的主要任務就是吃好、喝好、睡好、玩好，所以身體、精神、心理上的健康是至關重要的。在這一階段不要改變投資方向，特別是不能選擇風險投資。還需要將股票和基金的投資比例縮小，將活期儲蓄的資金增加。

總之，理財知識和手段固然重要，但只有與人生不同階段的機遇結合起來，理財才能夠達成真正的成功。

4. 性格不同，投資層次亦不同

從現代心理學上來看，人的性格主要分為四種類型：活潑型、完美型、力量型、和平型。有句話是這樣說的：「性格決定命運」，確實，性格不同往往會帶給人不同的人生。在投資上也是如此，性格不同，選擇的投資產品、方式也迥然不同。

作為一名投資者，選擇什麼樣的理財產品，應該充分考慮自己的投資偏好和風險承受度。對於風險承受度，一般人在第一時間就能夠了解到。但投資偏好需要在長期的投資中逐漸形成，而性格在其中所起到的作用是非常大的。

對於風險偏好型的投資者而言，低風險的理財產品是不能使他的強烈的理財欲望迸發出來的，因為很少「緊盯」市場行情變化，成功機率非常小。而對於風險厭惡型投資者而言，將投資風險過分誇大，就會影響到他的情緒，從而影響到正常操作，進而以失敗告結。很多時候導致投資理財失敗的原因也許並不是投資知識薄弱，而是性格所致。

不同性格的投資者所承受的風險有大有小，根據風險的大小，可以將投資者分為以下三個層次：

(1) 初級層次。

第一級：參加儲蓄。

一切理財方式的最基層就是儲蓄，而這也是一個人經濟獨立的基礎。人們透過對自己的消費進行規劃，將節餘存進銀行就產生了儲蓄。這是最基礎的理財方式，也是理財能力的最初展現。

第二級：購買保險。

購買保險不僅給家人的健康和生活上了一道「安全鎖」，還變相進行了理財。

第三級：購買公債、新臺幣理財產品、貨幣市場基金等多種保本型理財產品。

初級層次投資人很多不是自己直接參與到投資操作過程中，而是將資金交給銀行、保險公司、證券公司等金融機構，讓專業的理財人士為其投資。而所購買的金融產品風險都很小，而且還有固定的低收益，流動性也比較高。

(2) 中級層次。

第四級：投資股票、期貨。

股票產品差不多都具有較高的風險；而期貨則一直是高收益伴隨著高風險，總是在考驗投資者的經驗和運氣。

第五級：投資房地產。

投資房地產不是以自己居住為目的來進行的，而是為了投資升值而購買的。房地產投資之所以處於這一行列是因為投資前需要準備大量的資金，流動性不高，參與「門檻」比較高。

第六級：投資藝術品、收藏品。

這類投資很少有人參加，這是因為它不僅需要一定的經濟基礎，還需要專業的知識基礎，而且這類投資的流動性是相當低的。

中級層次投資人所投資的產品都具有較高的風險和收益。在進行投資的時候，需要有專業的投資知識，當然，處於這一層次的投資人必須有強大的經濟實力。

(3) 高級層次。

第七級：投資企業財產權。

投資企業財產權，目的就是為了擁有企業控制權或參與企業管理，而不是只進行股票投資。就像羅伯特．清崎在《富爸爸窮爸爸》一書中說的那樣：要有自己的事業，不要一生為別人工作，以免在失去工作時變得一無所有。

第八級：購買與打造品牌。

購買品牌的前提是得到企業控制權或控股權，但這和上一級別的投資企業財產權是有差異的，其中的差異就在於該級別的企業經營行為所指向的是企業擁有的品牌，而不是為了得到短期利潤，所以，這種投資可能會使投資者得到比社會平均水準高很多的收益。

第九級：投資人才。

如果認為購買股票就能稱得上是投資者的話，就大錯特錯了，真正的投資者，不僅能發現有價值的物品，還能發現有價值的人。翻看史書就會發現，凡是能成就一番偉業的人，都是能夠發現並善於運用人才的人。所以，理財高手不會把投資的重點放在物質上，而是放在人上。

想要成為這一層次的投資者，需要通曉各個領域的專業知識，以及管理學、社會學的複合知識體系。處於這一層次的投資者，理財成敗的因素有很多，比如行業趨勢、人的心理因素、市場變化等。但是因為該層次投資者能充分利用各種社會資源，所以，他們往往能夠得到最大的收益。

第十章　家家（人人）有本難念的「理財經」

——家（人）不同，理財亦不同

每個人有自己的軌跡，每個家庭有自己的方向。大千世界，有人月薪數十萬，而有的人月薪卻 23K。但是，理財並不屬於高收入者，收入不多也可以有自己的理財規劃，只要規劃得清晰、明確、合理，每個人都可以達成自己的理財目標。

1. 即將步入結婚的禮堂，理財更需要規劃

在戀愛的時候需要對愛情投資，而結婚的時候還需要投資。結婚對於每一對新人而言都是非常神聖而幸福的事情，為了享受那一刻的美好，有不少人在舉行婚禮的時候鋪張浪費。在結婚之後，兩人才真正步入生活的軌道，而生活中的瑣碎問題也會接踵而來，柴、米、油、鹽、醬、醋、茶，每樣缺一不可。但這對於剛剛開始生活的新人來說，真不容易。

肖麗已經畢業四年，在一家外貿公司做銷售，每年的收入四十五萬元左右，男朋友每年的收入也是四十五萬元左右。他們準備在三年後結婚。兩人存有一百萬的買房基金，兩人的公司，都有三險一金。男方的父母還沒有退休，年收入一共有七十五萬元左右。女方的父母有養老金。兩人剛開始工作不久，手中沒有什麼積蓄，他們預計在結婚那年能夠存到七十五萬元，雙方父母還會拿出一百五十萬元，而且隨著時間的推移，兩人的薪水所呈現出來的趨勢也是上升的。

肖麗是這樣想的：在生活品質不受到影響的情況下，結婚那年要購買新房。目前，兩人的重點奮鬥目標就是籌集房貸首付。

在理財的過程中，肖麗想將每個月節省下來的錢用來購買貨幣基金，這是因為這種基金不僅比較靈活，而且還可以帶來定期的收益。

肖麗想購買一款小戶型住房，價格大約有四百五十萬元。選擇借貸貸款和買房基金相互結合貸款的方式。在結婚那年，兩人的可利用資金有一百五十萬元，可用買房基金來償還貸款。

購完房子，在家庭備用金準備充足的情況下，兩人會將每個月節省下來的資金投放在基金中，做定投，使小資金變成大數目。

從肖麗的理財規劃來看，她本人是比較理性的，不僅將購房的問題解決了，還使得家庭中的閒錢得到增值。但是對於多數有結婚打算的情侶來說，理財規劃是一個很陌生的詞，這使得婚期一拖再拖，如果你在不久後就要步入結婚的殿堂，那麼，來看看下面的理財建議吧！

(1) 轉變戀愛階段的消費觀念。

正處於熱戀時期的情侶在消費的時候應該意識到，不管在消費的時候使用的是哪一方的錢，都是你們將來組成家庭的共同財產。所以，我們不能總是抱怨另一半在自己身上所花的錢少，更不能將這一點當做另一半是否愛你／妳的證明。在日常消費中，如果某一方總是精打細算，不亂花錢，也許是他／她正在為今後的結婚生活籌備資金，那麼，這樣的「小氣」對象事實上更值得托付終身。在戀愛期間的消費，男女雙方都應該適度，不能超過自己的經濟承受範圍。

(2) 合理消費。

在戀愛期間，大部分情侶在花錢上面沒有多加注意，這樣很容易使不該花的錢白白浪費掉。所以，在確定了戀愛關係後，就應該在平時精打細算，絕不浪費。比如盡量少去外面約會，在家中做飯給自己的另一半，這樣不僅可以讓對方感受到你的愛意，還能省錢；在約會期間，雙方盡量不叫車，騎腳踏車或者搭公車才浪漫；在平時聯絡的時候，如果兩人都能夠上網，最好利用網路工具聊天，或者換用省錢的電信，這樣煲「電話粥」才最便宜……事實上，情侶在生活中的省錢竅門不止這些，這需要兩人在生活中用心體會和學習，學會節省，為將來的家籌備資金。

(3) 建立一個共同的帳戶。

當男女雙方已經確定了結婚日期時，就可以共同建立一個帳戶。如果建立這個帳戶的目的是為了消費，那麼，兩人就可以每個月各自拿出一定比例的錢存進帳戶中，這部分錢最好是自己每個月節省下來的。如果建立這個帳戶的目的是為了結婚購買新房，那麼，雙方分別於每月定期將自己一定比例的收入放進帳戶中，不要輕易使用裡面的存款。

2. 寶寶在腹中，爸媽來理財

在經濟還不是很發達的時代，一家之中有四個以上的孩子不是稀奇的事情，但是現在一個孩子就已經讓父母累得上氣不接下氣了。當孩子出生後，不僅要照顧孩子的衣食住行，還有教育，這項消費是一筆龐大的支出。所以，很多年輕人都不敢輕易懷孕。

但是如果懷孕了，怎樣規劃自己的錢財才能撫育好將要出生的寶寶呢？

這個問題把小聰難倒了，小聰每個月的薪水有五萬元，他妻子阿芳每個月能夠拿到兩萬五千元的薪水，本來生活還是不錯的。但是阿芳在今年突然懷孕了，身體狀況不是很好，家人建議阿芳休假，在家休養了一段時間，這段時間阿芳的月收入降為一萬元。夫妻二人每個月的開銷都在兩萬二左右，現在有二十萬元的存款。在去年購買了一套房子，總價值為四百二十五萬元，頭期款為兩百二十五萬元，貸款兩百萬元，月繳一萬兩千五百元，二十年還清，已經償還了一年。小倆口現在仍然住在父母家裡。在小聰的帳戶中，有五十萬元的理財基金，想在一年後取出，用來裝修房子。兩人的保險是公司出的。

阿芳懷孕的消息被小聰得知後，小聰當然欣喜若狂，但是一想到孩子出生伴隨的消費，就憂鬱了，對於有寶寶即將出生的他們，應該怎樣重新規劃自己的理財目標呢？

(1)　生活品質。

小聰和阿芳大的理財目標是還清房貸和購買一輛家庭轎車，價值在一百萬元左右。

寶寶出生前的這段時間是很特殊的，理財應該以「穩」為主。

A. 從阿芳的妊娠期到寶寶出生，工作還沒有步入正軌前，這段時期是過渡階段。在這段時期，家庭中每個月的收入會變少，而懷孕還會加大開銷，所以在這段時期的理財應該保守一點，當能夠確定資產會增值時，可以投資一些幾乎沒有什麼風險的理財產品。此外，應該確保有大筆可以流動的資金。

B. 存款有二十萬元，取出其中的十五萬元，投資在開放式基金中。十五萬元中的七萬五千元投資在貨幣型基金中，剩下的投資在債券型基金中。這樣一來，投資風險就被降到很低，能夠確保本金不受到損失，而且流動性很強，收益應不在儲蓄之下。

C. 之前擁有的五十萬元理財基金，在期滿後不可全部用於裝修，其中的百分之五十用來裝修，剩下的一半用來償還貸款，提前還貸不僅可以使還貸的壓力減小，還可以使利息降低，可謂是一舉兩得。

(2) 保險保障。

保險在家庭中是萬萬不可被輕視的。為了使家庭保障更加牢固，應該做好下面幾點。

A. 在這個家庭中，小聰的收入是家裡收入的主要來源，所以小聰應該為自己投保，購買一些商業保險，比如健康險、意外險。如果出現意外事故，家人的生活品質不會受到影響。

B. 當孩子將來要繼續深造時，家庭應該能給提供孩子教育費用。

C. 計劃好自己的退休生活，準備好充足的養老費用。

與此同時，在規劃理財目標時，也應該為即將成為家庭成員中的孩子制定一個教育計畫。具體內容可以從下面幾點來考慮：

(1) 制定目標。

制定的目標應該分為長期的和短期的。短期的就是能夠給孩子提供每個月基本的生活費用和教育開銷等，長期的就是給孩子將來提供一個良好的生活環境、教育環境。

(2) 為孩子購買保險。

孩子在剛剛出生到成年這段時期是非常容易生病的，所以為孩子購買保險也是有必要的。比較適合孩子的保險有健康保險、醫療保險等，在選擇的時候，應該根據家庭狀況和孩子自身狀況來選擇。

(3) 教育投資。

在孩子成長的過程中，教育所占的比重非常大，可以說孩子的主要任務就是受教育。想要讓孩子的德智體群美全面發展，那麼，就不能間斷孩子的教育投資。因此，在孩子還未出生之時，就應該提前準備好孩子將來所受教育的經費。

3. 上有老，下有小，理財規劃少不了

告別了青春期，成為一名青年，幼稚從此遠離，責任在招手。在三十到四十歲之間的人們就是一群身負重任的青年人，他們上有老，下有小。其中的很多老人已經沒有了勞動力，而孩子正在成長。老人要贍養，孩子要撫育，處於中間位置的夫婦還需要準備自己的養老金，可以想像，負擔是多麼大！

趙先生的家庭狀況就是這樣的。趙先生今年三十七歲，是一名公務員，妻子比他小兩歲，是一家外商公司的人事經理，兒子在上五年級，爺爺奶奶一直在照顧他。夫妻倆每個月的收入加起來一共有二十萬元左右，夫妻二人各自所在的公司都為他們投了五險一金。在前兩年，夫妻倆一共購買了二十份二十年繳款期的投資險，每年需要上交三十六萬元。現在他們有一套舊房租了出去，價值一百三十萬元，月租一萬五千元。目前所住的房子是五年前購買的，價值為六百萬元，三十年借貸貸款三百六十萬，月繳兩萬二。在銀行中有一百五十萬元的儲蓄，還投資了七十五萬元的股票。家庭中每個月的消費在四萬五千元左右，老人的贍養費為每月一萬元。

針對自己家庭的狀況，趙先生的理財規劃是這樣的：

(1) 將妻子每個月的薪水用在日常開銷上。

(2) 因為妻子所在的公司投了重大傷病險，所以不再為妻子投十份投資險，但這一舉動會使已經上交的保金三十六萬元損失掉。

(3) 自己的十份投資險以及兒子的意外傷害險都不能停止，每年上交十八萬元。

(4) 自己手中的股票價值為七十五萬元，加上儲蓄一共有兩百二十五萬元，當這些錢達到四百五十萬元後，決定自己創業。

(5) 兒子的教育費用需要從經營收入或者出租金中得到。

(6) 計劃在兩年裡將還貸年限縮短為二十年，需要向銀行交七十五萬元。

從上面的理財計劃來看，趙先生的理財規劃有一定的道理。夫妻二人的月收入一共是二十萬元，再加上租房獲得的一萬五千元，每年就可以拿到約三百二十二萬元，這樣的收入是相對高的。家庭中每個月的開銷是四萬五千元，再加上贍養老人一萬元，月繳房貸兩萬二，保險費用每年三十六萬元，那麼，每年的支出就約一百二十八萬元，收支情況處於一般水準。而在投資上，家庭理財中沒有收益可觀的產品。

經過一番分析可以看出，趙先生的開銷和後續資金需求較為複雜，下面是給趙先生的理財建議。

(1) 辭職創業前應考慮清楚。

在將來，趙先生想辭去工作進行創業，這一點應該考慮清楚，首先應該考慮的問題就是創業的目標是否明確，有沒有客戶市場，因為趙先生的家庭負擔比較大，如果創業失敗，家庭經濟就會陷入危機；其次，應該考慮投入的資金狀況，趙先生在創業期間，工作已經辭去，那麼，家庭的主要經濟來源就斷了，但是創業是否成功還是未知。若是趙先生能夠確保創業成功，那麼將舊房銷售出去也是可以的，這樣就有創業資金了。

從趙先生家庭中的保險支出來看，占了總收入很大一部分，這樣不是很合理。趙先生應該將妻子的投資險中斷，或者兩人申請將保險投保金降低一點。

(2) 借貸期限應適當縮短。

隨著孩子的成長，教育投資會越來越大，現在逐漸累積教育資金能夠為孩子今後的教育提供一個良好的保證。

(3) 盡量實現以租養房。

趙先生每個月可以從租房中拿到一萬五千元的租金，如果將房租提高到兩萬兩千元，那麼，舊房的房租就可以抵消新房的房貸，這在一定程度上可減小家庭的壓力；妻子每個月的收入主要用於家庭日常開銷和老人的贍養費用。

4. 「頂客」，用自己的錢養老

「頂客」一族，指的就是那些不要孩子，只和配偶共度一生的人們。這對於年輕人來說，不僅是一種時尚，還可以為自己帶來自由、快樂，他們的負擔遠不及有孩子的家庭。但是做「頂客」也是需要勇氣的，因為「頂客」在年老後，沒有子女來贍養自己。所以，作為「頂客」就應該規劃好自己的理財。

佩恩是一名編輯，他和他的妻子決定加入「頂客」一族。現在，夫妻兩人的月薪一共有八萬元左右，每年的年終獎一共有八萬元左右，每個月的開銷在一萬五千元左右。在都市中，兩人有一套自住房，價值大概在兩百萬元左右，銀行中還有四十萬元的儲蓄。兩人的父母都有醫保和養老金，他們幾乎不用贍養老人。而他們自己也有醫療和養老保險。雖然生活非常輕鬆，但是兩人開始擔心自己養老的問題。

從佩恩的家庭狀況來看，他們的資產只有房產和儲蓄，沒有收益可觀的投資產品，比如基金、債券、股票等。對於他們來說，沒有下一代的贍養，那麼只有自己來面對贍養的問題。

在生活中，人們都希望當自己年老時，有足夠的資金供養自己。而保險是每個家庭生活保障規劃中不可缺少的一項內容，對於沒有下一代的家庭來說，這項內容更加重要。佩恩夫婦雖然有基本的養老、醫療保險，但是卻沒有其他的商業保險。從他們的經濟狀況來看，單靠這兩項保險養老是遠遠不夠的，所以，與他們情況相似的頂客家庭在購買保險的時候，應該將保險的品種和額度增加。

(1) 萬能險納入養老計畫。

從佩恩夫婦的收入來看，他們的生活水準處於中等行列，他們可選擇一些保險理財產品，經過長期投資，籌集將來的養老金。險種上可選擇萬能壽險。

與此同時，還應該考慮到養老保險的成本問題，因為女性的平均壽命比男性長，而且年輕時投保效益高，佩恩夫婦在買保險時，應該以他妻子的名義建立家庭的養老帳戶。每年可往保險中投入五萬多元，一直到退休前。在退下工作職位後，萬能險帳戶中累積的資金就能夠提供給二人充足的養老金。如果在繳納保險金的過程中，出現了亟需用錢的情況，可以將保險金中的一部分取出使用。

(2) 多項健康保險。

對於一個經濟狀況處於中等水準的家庭來說，只有養老保險並不能確保其不陷入經濟危機。在購買養老險的同時，還應該購買意外傷害保險等保險，避免在發生事故時使經濟遭受重創。對於佩恩這樣的家庭，選擇保額在七十五萬元左右的重大傷病險和一份保額在一百到五百萬元的意外傷害險是比較合適的。

(3) 投資貨幣基金。

對於像佩恩這樣的家庭而言，投資保守，沒有太多理財知識，投資經驗為零，佩恩夫婦可將相當於家庭半年左右的支出費用當做緊急備用金，將已有的四十萬元存款放在投資理財上，比如用一半的資金購買貨幣基金，剩下的購買公債等產品，這樣進行投資能夠保證家庭中的收益沒有太大的風險和波動，當家庭成員出現意外的時候，也有一部分可以流動的資金。另外，兩人的年終獎應該補充到備用金中。

(4) 信用卡的合理使用。

除了投資，兩人還可以辦理信用卡。在選擇信用卡類別時，最好使用主副卡的信用卡，這樣不僅能共同積分，還能在每月的帳單上看到家庭每個月的支出，避免過度消費的狀況。此外，還可以充分使用免息期，提前消費。

在平時消費的時候，應該注重節約，不能大手大腳，可將每個月節省下來的資金採用基金定投的方式投資在指數型基金上，這樣一來，就可以強制兩人儲蓄，從長遠的角度來看，這種理財方式是很不錯的。

5. 漫漫人生路，女人一生的理財規劃

有人認為，女性只要嫁得好，就不需要理財，但是每個女人都能嫁得如意嗎？再說就算嫁得好，在物欲橫流的社會，有多少女性能保證自己的家不會受到「傷害」？所以，女性學習理財是非常有必要的，而且勢在必行。

在進行理財的時候，因為年齡的變化和周邊環境的變化，女性朋友的理財規劃也不是一成不變的，在不同的人生階段應該有不同的理財規劃。

(1) 不滿二十五歲。

不滿二十五歲的女性朋友，大多數剛剛走出大學校園，對社會的好奇心非常強。在這一階段，女性的理財重點應該是為自己投資，在所有的投資中，對自己的投資報酬是最大的。想要擁有賺錢的本領，有時候不能光靠在校園中學到的，在步入社會後還應該繼續深造，這樣自己的能力就會得到不斷的提升，利於自己更好地找工作。

(2) 從單身過渡到青壯年。

在這一階段，女性面臨的問題有很多，其中兩個最大的問題就是結婚、生子。考慮到結婚，在存錢的時候應該將定期儲蓄和活期的比例調到所有資金的一半以上。此外，還可以將一部分資金投資在比較穩健的投資產品上。當個人理財將要轉變為家庭理財時，這個過渡時期是很難掌控好的。首先應使自己的收入增加。

在家庭剛剛建立的時候，應該在家庭中設立一個風險基金，並將資金投放在幾乎沒有風險的保險等保障型產品上。通常來說，想將家庭風險降到最低，應該將保險和銀行定期儲蓄作為主要的理財方式。而對於保險金額，國外是這樣看的：對於每個人的保險金額，應該不在每個月收入的七十二倍之下。

當家庭中增添了新的成員（寶寶）之後，家庭中所成長的開銷不只是孩子的奶粉錢，未來還有孩子的教育費用。因此，應該未雨綢繆，在孩子很小的時候就應該準備教育費用（這一問題前文已講過）。在這段時期最好不要投資風險比較大的產品，避免在亟需用錢時東借西湊。

(3) 五十歲左右，準備退休。

在這一人生階段主要考慮的問題就是籌備退休生活。可以根據家庭中處於不同階段的成員的不同狀況來安排資金，比如為家人包括自己在內購買適合的保險等，但是對於風險較高的投資產品是不宜接觸的，對於像基金、公債等風險小的投資產品可以嘗試投資。

女性應該實現經濟獨立，讓自己的生活更加豐富多彩。而在經濟獨立的過程中，最應該學習的就是理財，只有學會理財，才能夠用好手中的資金，創造屬於自己的美好生活。

6. 家庭主婦，不工作不等於不理財

對於收入非常高的男士而言，他希望自己的妻子退下工作職位，全心全意打理好他們的避風港——家。多數女性都不會反對這樣的要求。對於不用工作的女性來說，不僅要將家裡收拾得妥當，還應該將家庭的財務問題打理得井井有條，這樣一來，生活才會更美滿，財富才會更多。那麼，家庭主婦應該怎樣進行理財規劃呢？

王太太在家中照看四歲孩子，而丈夫所從事的職業是技術工程師，月收入在十萬元左右。兩人已經購買了一套新房，住房貸款已經還清。王先生在公司有勞保，兩人又分別購買了保險，每月支出六千五元。家庭具體的財務情況是這樣的：家中所有的活期存款和現金共有二十萬元，一年定期儲蓄二十萬元，房產價值五百萬元，家庭每月支出四萬五千元。

從王太太家的財務狀況來看，房子貸款已經還清，儲蓄率在百分之二十五。但是在投資方面，王太太並沒有涉及到，投資方式只有最基本的儲蓄。像王太太這樣家中有子女的家庭，應該提前為孩子籌備教育經費。在平時，王太太可以做一些投資，使家庭中的金融資產得到保值，甚至增值。王太太可以參考以下理財規劃：

(1) 教育規劃。

一個孩子在（公立）大學期間所需要的學費在二十五萬元左右，在孩子成長的過程中也許會出現通貨膨脹的狀況，可以這樣認為，在孩子讀大學的時候需要大約四十萬元。籌備教育經費，可以採用每月定期定額投資的方式。王太太可以選擇投資基金，因為基金適合長期投資，而且還能得到較穩定的收益。每個月的投入額不需要太多，一千元就可以，在十幾年後，就能夠得到一筆數目可觀的教育經費。

(2) 保險計畫。

王太太可以秉持購買保險的雙十原則。保險的雙十原則是指保險支出與收入的大約比例是一比十，收入大約是保額的十分之一，而王太太家的保險支出是比較合適的，不需要更動。

(3) 投資規劃。

在銀行中，至少要存有二十五萬元的活期存款，以備不時之需，剩下的資金可以用於投資基金。

(4) 保健規劃。

王太太的丈夫月薪高，工作自然辛苦，鑑於丈夫很少鍛鍊身體，王太太可以為其安排健身活動，費用不超過兩千五百元。

從王太太的家庭狀況來看，王先生工作繁忙，王太太由於照顧孩子，空閒時間也不多，而且兩人的證券投資知識並不豐富，也沒有投資經驗，所以不建議王太太投資股票。王太太和先生雖然不喜歡冒風險，但是還能接受有些風險而收益略高的投資，所以，在投資時，應該採取邊進攻邊防守的策略，比如購買偏股票型基金百分之四十，混合型基金百分之三十，債券型基金百分之三十。在挑選基金產品時，應該挑選長期以來業績都比較穩定的基金，將側重點放在優質老牌基金上，這類基金經歷過牛市，挺過了熊市，和其他基金產品相比，這類基金的平均風險報酬率會高一點。

7. 單身的「高富帥」，理財規劃不可少

「高富帥」是一個網路用語，它所指的是一群身材高大、長相英俊的富有男士。作為一位單身的「高富帥」，應該怎樣規劃自己的理財方案，讓自己「魅力永存」呢?

許先生是一名單身的「高富帥」，三十四歲的他躍進了收入較高的中產階層。目前他是一位年薪百萬的銷售主管，但是他是「月光族」，銀行也沒有存款。許先生目前與母親生活在一起，自己沒有任何保險。

許先生的老家有一套住房，總價值為六百萬元，月供兩萬五千元。此外，還有一處房產，價值在兩百萬元左右，暫時空置。許先生目前有兩輛汽車，一輛比較舊，價值十五萬元，另一輛價值為一百萬元，月繳一萬五千元，還有一年，貸款就還清，每個月在車上的花費為七千五百元。

在許先生的手中還有一家書店，投資額為二十五萬元，估計在未來半年之內都處於虧損狀態。另外，許先生與母親在外租房住，房租為一萬元。

從許先生的實際情況來看，其理財規劃應該從以下幾方面來入手。

(1)　購買保險。

從許先生的收入來看，他的生活應該是非常滋潤的，但是由於他每年必須支出的費用太高，比如新房貸款、舊車使用費用、新車貸款、房租等，這些使得他的收入所剩無幾。對於較高風險的投資，許先生目前還不完全具備條件。透過對許先生年齡、經濟狀況等多方面的考慮，養老保險、醫療保險應該盡早進入許先生的理財規劃之內。

(2)　組合理財。

A. 平時生活開銷，每年應該控制在十二萬元以下。許先生已經過了三十而立的年齡，應該考慮交女友的問題了。但是花費龐大的愛情基金對於處在這種經濟狀況下的許先生來說並不適合，所以，在確定戀愛關係前，應該坦誠地將自己的經濟狀況告知對方，讓對方在心理上有所準備。

B. 準備出五萬元，應對不時之需。以十八萬元作為常數，當出現亟需用錢的時候，比如結婚、生重病等情況，可用十八萬元作為常數應對。

C. 在使用舊車的過程中所產生的費用一定會比新車高，所以許先生可以將舊車賣掉，將賣車的錢提前還清車貸，減少月繳費用。

D. 購買人身意外傷害保險。許先生的職業決定了其必須經常外出，所以，應該做足風險防範。這需要許先生購買人身意外傷害保險。

E. 投資公債等投資產品。從許先生的生活狀況來看，他最應先解決的問題就是住房和換車，使自己的生活水平恢復到高水準之上。在此期間，進行風險高的投資方式很容易使生活狀況雪上加霜。所以，許先生在投資時，應該將投資目光放在既能保本有息，又能有較高收益率的投資工具上，可選擇投資公債等。

F. 將空房租出去。雖然許先生的年收入比較高，認為每個月五千元的房租解決不了什麼問題，但是這卻是對資源的一種浪費。許先生債務纏身，每個月固定支出數額非常大，所以應該將空房租出去，一年下來，也能得到六萬元可以利用的資金。

G. 許先生經營了一家書店，目前不但沒有盈利，還在虧損，並且估計在半年之內還是這樣的狀況。對於經營書店，許先生應該仔細再分析一遍，看看自己在哪一點沒有做好，找到問題後，進行解決。

其中，分析的內容主要有：書籍在社會上是否還受歡迎；書籍的價格、類別是否能夠吸引大量消費者；書籍所面向的消費族群是哪些人；在店鋪附近的消費族群是否夠多、夠集中等。許先生在分析問題的時候，應該將重點放在書店經營的發展前景上。

如果在經過調查、研究、分析之後發現，目前店鋪所出現的虧損狀況只是由於打造店鋪品牌必然會面對的問題，那麼，許先生就不能放棄，堅持下去，一定能夠迎來創業的「春天」。但如果許先生發現自己經營的店鋪根本沒有市場前景，那麼，許先生應該毫不猶豫地放棄自己的店鋪，雖然會有損失，但這樣可以將損失降到最低。

第十一章　「過時」物品更值錢

——收藏讓理財更有價值

不是只有古玩、字畫才可稱得上「收藏品」，過期彩券、小小郵票亦可以成為收藏品。有時，一件收藏品的價值不在於當時的價格，而是其具有的意義與文化。投資者只要擦亮雙眼，小心謹慎，在收藏市場中，「麻雀」也可以變鳳凰！

1.收藏的價值在於有特色

在市場上存在著很多「過時」的物品，然而，它們往往具有很大的價值，這些物品就是收藏品。對於一個熱衷於收藏的人來說，他的收藏品一定是與眾不同，比較有特色的。事實也應該如此，作為一名收藏家，有自己的收藏風格尤為重要，風格的選擇可以在專業人士的指導下做出。比如專門收藏瓷器、陶器、畫作等。不管選擇什麼，收藏者應該有自己的收藏方向。

近幾年來，在收藏市場上比較熱門的收藏有以下幾個方向。

(1) 郵品。

這項收藏的風險比較高，具有投機性。而其運作思路和投資股市有些雷同，需要高拋低吸。但是，這項收藏在市場上的情況比較混亂，亟需整頓，因為它剛剛被炒作過。

(2) 奇石。

最近幾年，奇石成為收藏熱門是很多人意想不到的，它就像一匹黑馬，闖進收藏界。對於收藏奇石的投資者而言，應該將市場現狀、市場潛力充分掌握住。

(3) 古玩字畫。

這項收藏是比較原始的，而在收藏家手中的比例也比較大。這項投資只對資金雄厚的人士開放，而且收藏古玩字畫的人還需要具備較深的藝術修養和鑑賞知識。此外，還需要有辨別真偽的能力，這一點是非常重要的。想要讓自己的眼睛「雪亮」，除了自己學習專業知識外，還可以向知名度較高的鑑賞家請教。

(4) 錢幣。

收藏錢幣沒有收藏古玩字畫難，相對來說它更容易辨別出真偽，而且價格不是很高昂，對於普通群眾來說也是可以收藏的。但是，這項收藏需要時間，需要耐心等待增值。這類收藏包括古錢幣和不在流通市場使用的現代貨幣。

說完了比較熱門的收藏方向後，下面，我們以收藏金銀幣為例，來說說如何做到讓收藏有特色。

不同收藏者對同一事物所產生的興趣不同，所以，方向也會不同，專業人士認為，在收藏金銀幣的時候，應該先選定方向，然後再收集一兩套，否則不僅會浪費時間，還會浪費財力。那麼在收藏金銀幣時都有哪些方向呢？

(1) 走題材方向。

在市場上存在著各種不同的收藏者，所以每年發行的金銀幣題材都十分豐富，還有些題材分成了系列，在不同年份發行，比如「出土文物系列」。收藏者在收藏的時候，可以從自己的興趣出發，結合某些題材金銀幣在市場上的表現進行調查研究，然後再確定收藏哪個題材的金銀幣。

(2) 走規格方向。

金銀幣的規格有很多，比如一盎司、五盎司、一公斤等，而且某一規格的重量越大，發行量就越少。收藏者在收藏時，可以選定某一規格，然後根據發行量再選擇一些有著很大升值空間的金銀幣進行收藏。

(3) 走形狀方向。

金銀幣除了在題材、規格上有不同外，還具有不同的形狀，比如長方形、梅花形、扇形等。對金銀幣設計有興趣的收藏者，從收藏金銀幣的形狀入手也是不錯的選擇。

以上就是收藏金銀幣所走的方向，對於其他收藏也是如此，先找到收藏方向，再重點收藏，那麼，你的收藏就是有特色的收藏。

2. 了解收藏的炒作方法，保持一顆不浮不躁的心

如今，隨著人們對收藏知識的了解越來越多，收藏市場也越來越火爆。但在火爆下所潛藏的弊端，則是市場發展過猛、急功近利普遍、假貨充斥市場。所以，收藏者在收藏時應識別炒作，對收藏有自己的看法，「低調」進行收藏。

經過對收藏市場在近些年出現的炒作手段的研究、總結，我們可以得知市場上的炒作手段有以下幾種。

(1) 炒作材質。

一件收藏品的材質往往能夠決定一件收藏品的價值，尤其是那些比較注重材質的收藏品，比如翡翠、玉器、木雕等。收藏品所用的材質在市場上的存有量越少，這件收藏品的價格就會越高，

如果過度開發這種材質，則會使物品價格上漲的情況越來越嚴重。這種價格上漲的情況是不健康的，是炒作帶來的。凡是陷入了炒作之風的物品，在市場的價格都不統一、不穩定。

(2) 炒作品牌。

無論是哪種商品，品牌所起到的效應都是顯而易見的。在目前競爭非常慘烈的市場中，打造好一個品牌，就可以贏得一半的成功。因為品牌效應，很多時候，人們在購物時就會形成盲目性，而且品牌還會給人信譽高、品質好的感覺，這些都促使品牌商品走向成功。而提高人們對品牌的認識度，需要大量的宣傳工作和產品的品質保證。

如今，在收藏市場中，也出現了這種炒作現象。一件很普通的收藏品，也許在冠以某「知名品牌」之後，價格就變得高得嚇人。對於剛剛進入收藏市場的投資人士而言，應該認清市場的真面目，對收藏品有自己的認知，不可跟風。

(3) 炒作作者。

一件工藝品價值的高低往往取決於創作者的精湛工藝，材質再好，如果被庸人雕琢，那只會浪費了材質。但是，鬼斧神工般的技法是很難學的，隨著時代的變遷，這些技法正在面臨失傳。然而收藏市場越來越火爆，大師級的人物有限，需求大於供應，這就導致了工藝品只能收藏在出價高的人手中。

這種情況被炒作人士看準了，他們在發現還沒有出名的創作者的作品很優秀時，將其所有的產品購在手中。然後用各種手段在市場上宣傳這些作品，使收藏人士給予關注。這時，想要收藏這些作品的人會得知，這些作品在市場上已經存在不多，其中也有一些成長了價格，於是就購買收藏，使創作者遠近揚名，價格步步高升。

(4) 炒作名人。

找名人代言是一種很普遍的宣傳方式，名人代言所帶來的效應也是很大的，足以使一件新產品成功進軍市場。但是有不少名人在沒有弄清自己所代言的商品情況時就同意代言，這樣會造成名人代言和產品實質不符的狀況，讓人們造成損失。

在收藏市場中，這種現象也比較普遍。有很多收藏品都有自己的名人代言人或者是「大師」代言，這十分影響收藏市場的健康發展，更多時候還會給收藏者錯誤的資訊。

收藏不是為了一時的興趣，也不是一時間就能獲得很大的收益，這是一件需要很長時間累積的事情。目前的收藏市場雖然很不明朗，但是我們自身應該擁有一顆不浮不躁的心，避開炒作，正確投資。

3. 郵票，平民百姓手中的股票

在收藏郵票的問題上，很多人認為這是一種平民百姓玩的「股票」。在投資郵票時，對資金的要求不是很多，而且交易起來不複雜，活力比較穩妥，所以，一般人將投資目光放在了郵票上。

曾經只賣幾塊錢的郵票究竟有多大的投資價值呢？這個問題大概是很多人都想要追問的。與股票、基金、期貨等投資產品相比，郵票的投資量很少。可以說，投資郵票對任何人而言，都是比較適宜的。投資的多有多的優勢，而少則有少的益處。

在投資郵票時，首先應該著重關注的問題就是選擇品種，弄清有哪些郵票是有投資價值的。一般來說，下面幾種題材是具有很高的投資價值的。

(1) 體育題材。

在二〇〇五年，中國發行了北京奧運會會徽、吉祥物福娃套票，當時的價格還不足人民幣三十元（約新臺幣一百二十六元）。因為市場有龐大的需求量，在二〇〇八年時，這套郵票的漲幅就已經達到了百分之五十左右。

(2) 生肖題材。

在收藏的郵票中，生肖題材的郵票一直都有著不錯的升值前景，在選擇購買的時候，最好挑選發行量小的。

(3) 名著名畫題材。

這類題材郵票的外觀一般都非常精美，得到了很多投資人士的喜愛。二〇〇四年中國發行《清明上河圖》郵票，價格大約人民幣二十元（約新臺幣八十四元），雖然之後跌價很多，但是後來回升了不少，預估今後還會上漲。

(4) 特殊題材。

特殊題材的郵票都有著特殊的主題，比如國慶郵票。其中國慶題材的郵票在這類題材中所占的比重是比較大的。

投資郵票的風險比股票要小很多，而且所需的資金並不是很多，只要耐心等待，收益也是很可觀的。

從多個角度分析，想要得到保值效果的投資者，投資郵票比投資股票更安全、收益更大。原因如下。

(1) 郵票投資風險小。

郵遞信件需要郵票，當一套郵票進入市場後，它還可以返回到郵政部門作為郵資來使用。通常來說，郵票的價格會一點點上升（當然也有逐漸下降的時候），很少有價格波動很大的時候。而如果你將五萬元放進股市，在行情很不穩定的時候，有可能在一夜之間，五萬元就變成五百元。

(2) 郵票投資面額小。

臺灣每年都會發行郵票，通常一套總面額在兩百元左右，一年下來，發行總收入約為五億元。而在股票市場，一年中新上市股就有幾十億元，所以說，郵票市場潛在的購買力比較大。

(3) 郵票的增值性取決於時間。

想要投資郵票，就必須將目光放遠，這是一項長線投資。一般情況下，隨著時間的推移，郵票的價格會上漲，而且其風險性小於營利性。

4. 小彩券裡有大學問

曾經出現過這樣一件有趣的事情：有一位彩民購買了一張彩券，這張彩券號碼是一等獎號碼，但是之前他並沒有發現，直到錯過了兌獎日期。在發現之後，他馬上去體彩中心諮詢，遺憾的是這張中了頭獎的彩券永遠也不能兌成兩千五百萬了，但是有一位彩券大廳的負責人卻對這張無法兌現的彩券產生了濃厚的興趣，而且願意用兩百五十萬元來換這張彩券，他的理由是這張彩券具有觀賞的價值，而且它背後還有一個故事，具有收藏意義。若是該彩券能夠進行拍賣，那麼，它的價值將會是目前最高的一張過期彩券。

看了上面的故事，你一定會感到非常驚訝，難道彩券也可以收藏嗎？是的，因為彩券的價格比較低，所以很多人都將其作為收藏品，從一九九六年開始，很多人對這種行為就已經認同了。

但是有人會疑惑，故事中的那張彩券確實具有收藏價值，但是普通的彩券有必要收藏嗎？它具有怎樣的收藏價值呢？

(1) 歷史價值。

彩券不只是一種娛樂的憑證，從另一個角度來看，它還能反映出當時的歷史狀況。對彩券的歷史進行研究，一定能夠得知那一時期社會的經濟、人文狀況。

對彩券的發行目的進行研究，可以知道彩券在清朝和民國初年的發行目的是變相掠奪老百姓的錢財或者是想籌集作戰費用、支持國家運轉；現在彩券的發行目的已經不僅僅局限在這一範圍了，譬如運動彩券。

(2) 文化內涵。

彩券，不只為人們提供了發財致富的機會，它還包含了一定的文化，而這一點也決定了彩券的收藏價值的高低。

(3) 投資價值。

即使是普通的彩券，也具有一定的投資價值。彩券的投資價值，除了要考慮它的歷史價值和文化價值外，還應該考慮它的發行時間、發行數量和存有量。

在早些時候發行的彩券目前存在的數量已經不多，對於很少發行的彩券，想要看上一眼更是難上加難。

收藏彩券的價值固然很高，但是在收藏的時候應該注意以下兩點。

(1) 彩券的品相。

對於人們來說，第一印象不管是在人際交往中還是職場中都是非常重要的。而在收藏彩券的時候，也應該注意彩券留給你的「第一印象」，也就是彩券的品相。那麼，什麼是彩券的品相呢？就是彩券的外觀，外觀越完好，彩券的收藏越具有價值。

收藏彩券對於品相的要求沒有郵票高，郵票的紙質較薄，而彩券的紙質較厚，外表光滑，所以在平時護理的時候，只需要擦一擦塵土就可以了。另外，對於聯式彩券，最好不要將其分開，讓彩券的外觀保持完整性。不管彩券的種類是什麼，在進行收藏的時候，一定要保持表面的潔淨、平整，最大限度地增加彩券的收藏價值。

(2) 專款專用彩券。

對於專款專用彩券，種類有很多，比如公益建設彩券、希望工程彩券、扶貧助殘彩券、住宅建設彩券、醫療衛生彩券等。除了這些，還有門票彩券、售書彩券、保險單彩券等。在這些彩券之中，有一些是有面額的，只要付錢購買就能夠得到；還有一些彩券是贈送給消費者的。

5. 藝術品，在薰陶中提升價值

在國外，藝術品投資的重要性與房地產是並列的，但是對於藝術品的投資，很多人都沒有充足的了解，現在我們就先從藝術品投資的特點開始介紹。

(1) 投資資金大小不一。

對於投資藝術品而言，投資的金額有大也有小，大則上億元，小則幾十元，雖然它們自身的價值不同，而且所帶給投資者的收益也不同，但都是一件很有樂趣的事情。

(2) 具有精神性滿足的物質依託。

這種精神性滿足的物質依託就是投資者所擁有的或者是曾經有過的藝術品。

(3) 價值只漲不跌。

如果投資者具有很好的「眼力」和充足的藝術品投資知識，購得一件很珍貴的投資品，它的價值是會一直成長，而且會在短暫的時間內漲數倍。

藝術品投資領域廣博高深，在了解了藝術品投資的特點之後，想要投資藝術品，還應該注意以下問題。

(1) 從自身興趣出發。

想要投資藝術品，應該在投資前做大量的功課。對於剛剛選擇投資藝術品的人來說，應該把投資目光放在價格比較低廉、潛力比較大的藝術品上，當然，在選擇時還應該依據自己的喜好來選擇。

(2) 把握好心態。

投資藝術品需要持之以恆的耐心，最開始應該從價低、件小的藝術品做起，找到自己的定位，依據自己的實際情況，寧在穩中行，不在險中走。在藝術品之中，有名家，也有贗品，收藏時應根據所掌握的相關知識、經驗和眼力很好地進行鑑別。在收藏藝術品的時候，應該抱著欣賞的態度，再根據專家的建議，選擇自己感興趣的藝術品。如果某日這件藝術品的作者漲了身價，固然很好，如果沒發生此事，也能用來自己欣賞，陶冶情操。

(3)　廣泛閱讀書籍。

一件藝術品之中所包含的歷史、文化的知識是非常豐富的，短時間根本無法了解到其中的涵義。如果想收藏非當代的藝術品，那麼對於藝術品所處的年代歷史、發展脈絡、事件變遷都應該了解清楚。對於當代藝術品而言，也需要了解這些情況。因此，在平時，應該多看專家推薦的關於藝術品收藏的書籍。

(4)　實踐操作不能少。

總是看收藏書籍，而不進行實踐操作成為不了真正的收藏家，進軍藝術品市場所需要的不僅僅是知識，還有眼力，應該多到藝術品市場中去聽、看，多與他人交流。有時間應該多去拍賣會，特別是大型拍賣會，開闊自己的眼界，同時學習估價的能力。

6. 古玩，不可不知的鑑別方法

有些喜好收藏的人士喜歡在各地搜尋文物，然後放進自己的收藏櫃中，但是，你知道你收藏的古玩是真品還是贗品嗎？對於收藏古玩的人士來說，具備辨別真偽的能力是很重要的。文物鑑定從很久以前就已經出現了，最早可以追溯到春秋時期。在宋代，有關文物鑑定的作品就出現了，比如歐陽脩著作的《集古圖》、趙明誠著作的《金石錄》等。而到了清代，鑑定文物的水準又高了一層，梁詩正等人編著的《寧壽鑑古》、《西清古鑑》，慢慢形成了比較完整的體系。這些古書的問世都為後人在鑑定文物時提供了重要的參考憑證。

不同種類的文物，在鑑定的時候應該採用不同的鑑定方法。所以，想要對文物進行鑑定，必須先弄清文物屬於哪一種類。

鑑定文物的方法多種多樣，基本方法有以下兩種。

(1) 傳統經驗鑑定法。

這種鑑定方法是從很久遠的年代開始的，人們透過對文物進行探索、研究、鑑定等方式不斷總結出來的經驗成果。其基本內容是在文物分類的基礎上，對同類文物進行比較辨識和綜合考察。

A. 比較辨識。不進行比較就不能得到鑑別結果。無論是在古代還是現代，比較的方法在鑑別文物上依然沒有淘汰。比如想鑑定真偽年代、價值都沒有得到辨識的文物，則需要找到已知其真偽、年代的同類文物作為標準器物，然後將二者進行比較、分析，透過從質地、花紋、工藝等方面找到鑑定文物與標準器物之間的差別，然後再進一步分析，得出鑑定結果。

B. 綜合考察。根據對文物本身的調查，文獻記載的考證，再對照前人總結的鑑定此類文物的一般規律，對文物進行綜合考察、分析，然後做出鑑定。這種方法對鑑定文物的所屬年代非常適用。文物的史跡通常涉及的方面廣泛，牽扯的內容也比較多，使用這種方法鑑定文物能得到較為科學的鑑定結果。

在運用以上鑑定方法的時候，需要注意針對不同的鑑定文物，要使用不相同的方法，因為文物的性質會依據種類的不同而不同。

(2) 現代科技鑑定法。

這種鑑定法主要是採用現代科學技術對文物進行分析鑑定。隨著科技的發展，現代科學技術在文物鑑定領域中的應用也得到了發展，而且這種方法還與傳統經驗鑑定結合在了一起，這使得文物鑑定出現了新的局面。

目前，有不少文物鑑定都採用的是傳統經驗鑑定法。採用傳統經驗鑑定法來鑑定文物，對於鑑定人員的知識、經驗具有很高的要求，還需要用直觀的方法對文物進行分類、研究。而對文物知識有著很多了解的人士通常都是文物收藏家和古玩經營者，所以，這方面的鑑定人員一般都來自古玩行業。

傳統經驗鑑定法主要依靠的是鑑定人員的所有直觀感覺，對文物的年代、真偽做出判斷。而對於經驗豐富的鑑定人員而言，在對文物進行觀察、嗅聞、撫摸之後，就能馬上說出自己的鑑定意見，所以，很多人認為鑑定文物非常神祕，也有人對這種鑑定方法表示懷疑。

實際上，文物鑑定的傳統經驗是在遵循事物規律的前提下，經過無數次實踐操作逐漸形成的。這要求鑑定人員做到以下兩點。

(1) 把握住時代特徵。

每件文物都有它自己的所屬時代，而在這些文物的身上都具有其所屬年代的特徵。把握住每一時代的文物特徵，就能夠鑑定出文物所屬的時代。這一點可以參考文件記載。還應該經常對文物進行鑑定，豐富自己的實踐經驗，看得多了一定能從細小的變化中累積出自己的鑑定方式。有些鑑定經驗只能自己總結，不能用言語或者是文字表達出來。比如，鑑定人員在鑑定青銅器時，需要將其拿起來，在手中掂掂。這不是在檢查文物的重量，如果用精準的現代儀器來稱量，當真偽重量接近時就不容易辨別。但是用手掂可以得到文物給自己的感覺，真正的古代青銅器是輕飄的感覺，而偽品則是沉沉的感覺，能感受到這種感覺的人只有經驗豐富的鑑定人員。

(2) 把握住物理特徵。

在掌握文物時代特徵的同時，還應該掌握住文物的物理特徵，找到文物特有的特徵進行觀察。比如，鑑定青銅器，需要考察文物的紋飾、銘文、聲音、材質等；鑑定玉器則應考察文物的色質、玉質、琢工、紋飾等；鑑定書畫應該考察文物的風格、印章、裝裱等。

7. 翡翠，收藏的重點在鑑別

通常認為翡翠是在元明時期進入中國的，直至清代，才被帝王富人所追捧並成為收藏品。雖然翡翠進入華人世界的歷史不長，但是由於其通透豔麗的色澤和稀少的礦源，翡翠的收藏價值在最近幾十年來都非常受歡迎。對於翡翠，應如何分辨其優劣呢？

(1) 顏色。

翡翠的顏色在決定價值方面起到很重要的作用。上品的翡翠顏色是濃豔的綠色、豔麗的紅色、紫羅蘭色。其中綠色是最寶貴的。而綠色翡翠的優劣應該從以下幾方面衡量。

A.濃：通透的翠綠、深綠色，其中不摻雜黑色。

B.陽：顏色亮麗，不能像蒙上了一層灰。

C.俏：晶瑩、俏皮、靈動。

D.正：顏色純正，不可有青、藍的色調。

E.和：顏色均勻。

(2) 透明度。

質地好的翡翠有著很好的透明度，濃郁的綠色非常通透，如澄澈的溪水，表面有光澤。

(3) 形狀。

翡翠的形狀、薄厚、大小都應該適中，磨工圓潤。

(4) 雜質。

質地好的翡翠，內部不存在雜質，比如黑點、斑點、裂紋等。

目前，市場上的翡翠可以分成三個等級，A級的稱為A貨；B級的稱為B貨；C級的稱為C貨；還有B＋C貨。現在我們來認識一下它們的涵義。

(1) A貨。

從拿到玉料到製成成品的過程中，翡翠只有形狀發生了變化，而其餘方面都沒有變化，也就是說只經過了機械打磨，這種翡翠就是A貨。

(2) B貨。

這類翡翠還可以稱為淨化翡翠。這類翡翠經過了試劑浸泡、漂洗，使其中的雜質得以去除，從而使翡翠看上去更加通透、顏色均勻。但是經過了試劑的處理，翡翠的某些結構會變鬆，需要將樹脂或者矽膠擠入翡翠之中，使翡翠更牢固。

(3) C貨。

這類翡翠經過了染色或者加色，就是將白色的或者是質地不好的翡翠染成或加色成綠色。

(4) B+C貨。

將翡翠中的雜質去除，之後又添加了顏色的翡翠就是B+C貨。

如今，在市場上存在的翡翠不僅良莠不齊，而且還有大量的贗品湧現。在收藏翡翠的時候，不僅需要辨別翡翠的優劣或等級，還應該能辨識翡翠的真偽。具體方法有以下幾點。

(1) 清楚翡翠與料石的區別。

翡翠是天然的礦石，結構密實，而且顏色分布不均，但是色彩自然，其中不夾雜氣泡，破處是石頭渣，質地很硬，體重。料石是人工熔煉的，人們很容易將其與翡翠混淆在一起。料石的結構很鬆，顏色均勻，也有些料石的顏色的分布是刻意做出不均勻的，但是不自然，破處是亮渣，體輕。

(2)　鑑別熗色翡翠。

如果翡翠的顏色是加出來的，那麼，將其放進硫酸中，幾個小時後它的顏色就會消失；或者將其置於攝氏七十度左右的鐵製品上，幾小時後顏色也會消失。

(3)　翡翠和綠色天然礦石的區別。

翡翠的顏色是非常亮麗的，而天然礦石的顏色不是鮮豔的，特徵也不同，比如澳洲石的顏色是綠色帶些藍；綠瑪瑙的顏色是綠中閃藍；而碧玉中有很多黑點，且黑點的形狀是三角形。

(4)　鑑別天然翡翠和鍍膜翡翠。

鍍膜翡翠就是在白色或者顏色微綠的翡翠上噴上一層綠色膠，經過乾燥處理後，這層膠就像膜一樣把翡翠包裹起來。這種翡翠的顏色非常濃豔、均勻，用濾色鏡觀察也不能識別，如果不仔細觀察，很容易上當受騙。鑑別方法如下。

A. 透過放大鏡觀察，鍍膜翡翠的表面有很多擦痕，有時還有小孔洞。

B. 點燃一根火柴，用火焰微烤鍍膜翡翠，會有難聞的氣味產生，甚至鍍膜還會溶化。

C. 用棉球沾點酒精，然後擦拭鍍膜翡翠的表面，棉球上會有綠色。

8. 昂貴的寶石之王——鑽石的收藏

提到鑽石，人們首先會想到婚姻，的確，鑽戒如今已經成為男女雙方婚姻的見證。為什麼鑽石深受戀愛人士的喜愛呢？大部分原因來自鑽石堅不可摧、堅貞永恆的品質。有一則電視廣告說的好，「鑽石恆久遠，一顆永流傳」。不僅如此，鑽石還具有很大的文化收藏價值。

作為寶石，所具備的要素包括美麗、稀少、耐久，而鑽石是唯一的一種有著最高硬度、強折射率、高色散的寶石，這是眾多寶石都不能相比的。因此，鑽石收藏的價格是非常昂貴的，對於普通大眾而言，收藏鑽石不太現實，這類收藏適合經濟實力雄厚的人士。

想要識別鑽石價值的高低，需要從很多方面來考量，具體標準如下。

（1）純淨度級別。

鑽石來自大自然，不管是在它的外部還是內部，都有一些雜質，只是有多與少之分，這些雜質是鑽石在形成的過程中出現的，比如小裂痕、小晶體等。而對於純淨度的分級是專業人士在放大鏡下完成的，在觀察的時候需要注意到鑽石的內、外部特徵和雜質所在位置和大小，然後將鑽石分級。選擇的級別包括五大級別和十小級。而品質小於零點四七克拉的鑽石，其純淨度可分為五個級別。五大級別分別是：LC、VVS、VS、SI、P。十小級分別是：LC、VVS1、VVS2、VS1、VS2、SI1、SI2、P1、P2、P3。

（2）顏色級別。

這一分類是根據白色——黃色系列鑽石中的黃色或者褐色色調的明顯程度來劃分的。這一劃分是專業人士在某種特定的情況下進行的。根據鑽石顏色可將鑽石分成十二個連續的顏色級別，不同級色的英文字母分別是D、E、F、G、H、I、J、K、L、M、N、VN。

(3) 切工分級。

專業人士對鑽石進行測量並在放大鏡下進行觀察，依據比率和修飾度對鑽石加工工藝的完美度進行分級。比率能夠決定鑽石是不是能綻放出美的光學效果，這一點在切工分級中的比重很大。而修飾度是對鑽石打磨得是否對稱和表面拋光品質是否好的評價。

透過對以上分級，收藏者可以得知鑽石的品質高低。購買到品質較好的鑽石之後，如何保養好鑽石也是一項很重要的問題，保養不好就會損害鑽石的品質。那麼，應該怎樣保養鑽石呢？

(1) 遠離油汙。

鑽石的硬度雖然很高，但是鑽石具有脆性，很容易被油汙染。如果鑽石被油汙染了，鑽石的光芒就會被掩蓋。所以，鑽石在收藏的過程中，應盡量遠離油汙。

(2) 避免與其他寶石一同保存。

因為鑽石的硬度非常大，所以如果將其與其他珠寶一同保存時，在發生碰撞的時候，鑽石就有可能將其他珠寶的表面劃花，降低其他珠寶的價值，一定程度上，鑽石本身也會由於與其他珠寶一起存放而使表面等受到磨損。所以，在收藏鑽石的時候，應該單獨儲存。此外，想要鑽石表面的光澤不失，應該定時對鑽石進行刷洗，在刷洗時應選用溫性洗滌劑。

(3) 購物中心檢修。

對於鑽石首飾的收藏，應該偶爾檢查一下鑽石首飾的鑲嵌是否牢固，以免鑽石首飾的價值降低。

國家圖書館出版品預行編目（CIP）資料

看完巴菲特也不會致富：小資的樸實無華理財法
/ 崔英勝 , 才永發 著 . -- 第一版 . -- 臺北市：崧燁文化 , 2020.06
面；　公分
POD 版

ISBN 978-986-516-249-8(平裝)

1. 理財 2. 投資

563　　　　　　　　109007562

書　名：看完巴菲特也不會致富：小資的樸實無華理財法
作　者：崔英勝 , 才永發 著
發 行 人：黃振庭
出 版 者：崧燁文化事業有限公司
發 行 者：崧燁文化事業有限公司
E-mail：sonbookservice@gmail.com
粉 絲 頁：　　網 址：
地　址：台北市中正區重慶南路一段六十一號八樓 815 室
8F.-815, No.61, Sec. 1, Chongqing S. Rd., Zhongzheng
Dist., Taipei City 100, Taiwan (R.O.C.)
電　話：(02)2370-3310 傳　真：(02) 2388-1990
總 經 銷：紅螞蟻圖書有限公司
地　址: 台北市內湖區舊宗路二段 121 巷 19 號
電　話:02-2795-3656 傳真 :02-2795-4100　　網址：
印　刷：京峯彩色印刷有限公司（京峰數位）

定　價：330 元
發行日期：2020 年 06 月第一版　000001
◎ 本書以 POD 印製發行